C'EST DU PROPRE !

TOME 2

C'EST DU PROPRE !

LES NOUVELLES ASTUCES DE BÉATRICE ET DANIÈLE

Isabelle Bruno

TOME 2

HACHETTE
Pratique

M6 EDITIONS

SOMMAIRE

SOMMAIRE

SOMMAIRE

SOMMAIRE

ZONE
Sinistrée

Quand organisation et savoir-faire riment avec bonne humeur !

Notre premier défi a été relevé : vous sauver de votre naufrage hygiénique. Mais cette fois, nous revenons avec une plus grande ambition… faire des vous des experts !

Ordre et propreté sont indissociables. Si notre première mission était essentiellement consacrée aux différentes techniques de nettoyage, ce nouveau tome vous donne tous nos trucs et astuces pour ranger votre maison, y maintenir l'ordre et bien l'organiser... pour vous faciliter la vie ! Vous y apprendrez aussi bien à lire les étiquettes des produits, appliquer le tri sélectif, fabriquer son compost, donner l'éclat du neuf aux peintures ou aux textiles, ordonner et surtout gagner de la place !

L'amusement est le meilleur allié de notre pédagogie. Découvrez donc dans ce nouvel ouvrage facile et pratique une succession de quiz, d'articles courts et d'encadrés qui vous permettront en toute simplicité de faire votre état des lieux, nettoyer, ranger, entretenir, trier… en vous promenant de pièce en pièce.

Et pour ceux qui auraient du retard, pas de panique ! Retrouvez plusieurs renvois succincts au premier tome de notre leçon sous les rubriques « ce que vous savez déjà » complétées d'astuces détaillées sur un produit, une technique ou un matériau spécifique. Désormais, vous aurez toutes les clés pour rendre votre intérieur encore plus agréable à vivre et lui donner l'éclat du neuf en un tour de main !

Alors à vous de jouer !

Béatrice Daniel

ORGANISER VOTRE MAISON

Point trop n'en faut ! Vous ne pourrez pas vous transformer en fée du logis si le désordre ne vous dérange pas. Plutôt que de lutter contre votre naturel nonchalant, faites le bilan des points noirs de votre maison. Si vous parvenez à améliorer leur état et à les maintenir propres, vous aurez déjà fait un grand pas. Avant d'appliquer les conseils qui vont suivre, révisez les bases que nous vous avons données dans le premier tome.

Rendez-vous page 18.

RANGER PIÈCE PAR PIÈCE

Le désordre, c'est dans la tête ! Eh oui, c'est l'évidence : mieux vous aurez défini vos besoins et plus efficaces seront vos rangements. Nous vous proposons plus loin quelques solutions pour chacune des pièces de votre maison. À vous de les adapter à votre mode de vie. Gardez en tête ce dicton : « Une place pour chaque chose et chaque chose à sa place » et vous aurez réglé une grande partie de la question.

Rendez-vous page 54.

TECHNICIENNES DE SURFACE

Depuis le temps que nous nous occupons de votre maison, nous avons accumulé quantité d'astuces et de trucs imparables contre le désordre et la saleté. Nous n'allions pas les garder par-devers nous comme des secrets de famille ! Les voici, regroupés par thématiques : les surfaces, le détachage, le linge et le nettoyage des appareils électroménagers. Mais, adorables lectrices et lecteurs de notre forum, vous nous avez confié, vous aussi, quelques-unes de vos astuces, que vous retrouverez ici.

Rendez-vous page 134.

ORGANISER

VOTRE MAISON

VOTRE MAISON VOUS RESSEMBLE

Quand vous regardez le chantier qui règne dans la maison, les bras vous en tombent ! Respirez, à partir de maintenant, les choses vont changer.

Avant de commencer la réorganisation de la maison, vous devez absolument connaître vos besoins et vos habitudes. Soyez honnête quand vous ferez ce bilan. Analysez vos manques et vos atouts sans tricher. Dans l'équipe des Nettoyeurs, la bonne foi est de rigueur !
Inspirez-vous de la façon dont nous abordons le problème dans nos émissions, portez un regard neuf sur votre maison, exactement comme si vous étiez un étranger de passage. Alors, le désordre de la bibliothèque, la crasse derrière le radiateur, la mauvaise tenue des toilettes vous sauteront aux yeux.

évaluation des dégâts

Vous voilà au pied du mur ! Pas de panique, personne n'est parfait, mais vous êtes peut-être plus doué pour le rangement que pour le ménage, ou inversement. Et vous verrez, il vous sera très utile de le savoir dans votre vie de tous les jours.

Êtes-vous ordonné ?

	OUI	NON
Vous cherchez toujours vos clés ou vos papiers avant de sortir		
Vous rachetez souvent des choses que vous avez déjà		
Vous remettez à sa place ce que vous avez utilisé		
Vous faites des tris réguliers qui libèrent de la place		
Vos placards débordent		
Vous payez vos factures en retard		

Êtes-vous organisé ?

	OUI	NON
Les plannings, c'est votre truc (vous en avez pour toutes les tâches)		
Vous organisez tout pour la semaine (vêtements, repas, etc.)		
Tout le monde participe ou vous faites grève (y a pas de raison !)		
Vous ne connaissez pas la rupture de stock		
Même pendant les fêtes, vous n'êtes jamais débordé		
Vous oubliez vos rendez-vous		
Vous ne savez jamais quoi faire à manger		

Êtes-vous sensible à la saleté ?

- En entrant chez vous, on se déchausse
- On a beau chercher, pas de toiles d'araignées !
- Les toilettes sont sales et alors ? (Pouah !)
- La vaisselle s'accumule dans l'évier (ou le lave-vaisselle)
- Le ménage ? Vraiment quand c'est trop tard !
- Chaque jour, vous consacrez un peu de temps au nettoyage
- La poubelle est pleine depuis deux jours
- Vous manquez toujours d'un produit ou d'un ustensile de nettoyage
- Vous trouvez une pièce plus belle quand les vitres sont propres

Êtes-vous prêt à changer ?

- Vous n'avez jamais envie de rentrer chez vous
- Les remarques de votre mère commencent à vous agacer
- Vous avez investi dans la déco (mais sale, ça ne rend rien)
- Vous voulez donner le bon exemple à vos enfants

résultats

Vous déduirez facilement de vos réponses où le bât blesse ! Ne vous découragez pas, adoptez la stratégie qui vous convient.

Vous pouvez très bien être ordonné et ne pas être gêné par la saleté. Votre maison a toujours l'air bien rangée, mais quelle grisaille ! Il ne faut pas regarder de trop près : les sols laissent à désirer, la poussière couvre les étagères, les sanitaires ont l'air propres mais ne le sont pas vraiment. Ressaisissez-vous, vous avez déjà fait la moitié du chemin.

Si vous êtes ordonné et mal organisé, vous devez passer beaucoup trop de temps à ranger. Tout serait plus simple si vous arriviez à conserver l'ordre gagné à la sueur de votre front. Pour y parvenir, remettez toujours les choses à leur place et ne sacrifiez pas au petit ménage quotidien qui évite d'entasser les vêtements dans un coin ou de reclasser 150 fois ses papiers.

Vous êtes bien organisé et vous avez multiplié les plannings, les listes et les pense-bêtes... Seulement, cet exercice a consumé toute votre énergie, alors, quand c'est l'heure de s'y mettre, il n'y a plus personne ! Laissez tomber les petits papiers ! Organisez-vous pour les tâches régulières sans entrer dans le détail, et au boulot !

Si vous avez acheté ce livre, c'est que vous aviez envie de changer ! En le refermant, vous pourrez dire adieu à tous ces détails qui fâchent. Mais rouvrez-le dès que votre volonté faiblit ou que vous avez un doute sur la méthode à employer.

De l'imagination dans l'organisation

Ainsi donc, nous ne sommes pas tous les mêmes et nos manières de faire en dépendent. Mais comment optimiser ses atouts et diminuer l'impact de ses défauts ?

Se flageller ne sert à rien, tout est dans l'action ! Mais attention, elle doit être mesurée à l'aune de vos capacités. Vous ne changerez pas vos habitudes en un jour.

À propos de l'ordre

Repérez les objets ou les vêtements qui ne trouvent jamais leur place. Est-ce de la négligence ou une mauvaise organisation ? Il vous faut lister les désordres récurrents : manteaux jetés n'importe où, linge sale entassé au pied de la machine à laver, vaisselle mal rangée, etc. Un portemanteau, un panier à linge sale et des placards peuvent tout changer (voir chapitre « Et si on rangeait ? »).

Pensez à ranger systématiquement ce que vous venez d'utiliser et demandez aux autres membres de la famille d'en faire autant.

Le mieux est l'ennemi du bien

Vous avez pris de bonnes résolutions, mais vous avez vu trop grand ! En voulant réaménager toute votre maison d'un seul élan, vous avez en réalité mis à bas le fragile équilibre qui y régnait. N'entamez pas de travaux au-dessus de vos forces. Commencez par établir un planning succinct des tâches quotidiennes et du ménage hebdomadaire. Quand vous vous y serez tenu suffisamment longtemps, vous pourrez l'améliorer.

Agissez là où ça fait mal !

Vous détestez nettoyer les toilettes, faire la vaisselle ou repasser le linge ? Deux solutions :

- Vous vivez à plusieurs et oh bonheur ! votre conjoint et vos enfants aiment faire ce que vous n'aimez pas faire. Bénissez cette complémentarité et acquittez-vous soigneusement de la tâche qui vous incombe.
- Personne ne veut s'y mettre ! Il est temps de vous faire violence. Vous verrez, le plus dur, c'est la première fois et

aussi de s'y remettre régulièrement. Si vous répugnez à nettoyer les sanitaires, c'est peut-être que vous ne vous y sentez pas bien. Une salle de bains doit être accueillante, lumineuse et pratique à nettoyer. Vous pourrez l'améliorer si vous l'entretenez, on voit mieux les défauts quand on passe du temps dedans. N'oubliez pas que plus vos nettoyages seront réguliers, moins la crasse s'incrustera, et que vous finirez par aimer ça. Croyez-en notre expérience, n'attendez pas qu'il soit trop tard pour intervenir.

Côté Jardin

Grand jardin ou petite terrasse, peu importe, il faudra vous en occuper. Si vous ne voulez pas voir vos plantes dépérir et les meubles de jardin se couvrir d'une couche de crasse indélébile, intégrez dans vos plannings de nettoyage le temps nécessaire à l'entretien régulier des surfaces extérieures.

LE CONSEIL DE BÉATRICE ET DANIÈLE

Si vous travaillez à plusieurs pour le ménage hebdomadaire, gare aux embouteillages… Attribuez une tâche à chacun et faites en sorte que cette tâche soit effectuée au bon moment. Celui qui fait la poussière commence, celui qui nettoie les sols passe après… Logique, non ? Laissez s'exprimer les préférences, votre petite légion sera moins bougonne et le travail, plus léger. Donnez-vous des horaires et un temps limité par pièce.

Le mémento du ménage bien fait

Pièces de la maison	Tous les jours	Toutes les semaines	Tous les mois	Dès que le besoin s'en fait sentir (de deux à quatre fois par an)
Entrée	Suspendre les manteaux. Ranger les chaussures. Rapatrier sacs et cartables dans les chambres.	Vider les poches et les sacs.		Nettoyer les placards de fond en comble.
Salon, salle à manger	Ranger ce qui ne l'est pas. Retaper les coussins du canapé après la séance télé.	Dépoussiérer les meubles, les textiles d'ameublement et aspirer ou laver le sol. Entretenir les plantes. Vider les vases.	Laver les vitres, miroirs et cadres. Dépoussiérer les rideaux et les stores.	Laver les rideaux. Rafraîchir la moquette ou les tapis avec un shampoing.
Chambres	Ouvrir son lit, aérer la pièce 5 mn et faire son lit avant de partir.	Changer ses draps et housses de couette.	Aspirer le matelas.	Retourner le matelas. Laver couette et oreillers.
Salle de bains	Rincer les sanitaires après utilisation. Vider la poubelle. Nettoyer les toilettes.	Un bon ménage s'impose. Renouveler serviettes et gants de toilette.	Détartrer la robinetterie. Nettoyer les joints de carrelage. Dépoussiérer flacons et étagères.	
Cuisine	Nettoyer et ranger les ustensiles utilisés. Ranger soigneusement les aliments dans le réfrigérateur. Passer un coup de balai. Sortir les sacs d'ordures et nettoyer si besoin la poubelle elle-même.	Nettoyer l'électroménager (four et plaques, évier et robinetterie). Trier les aliments frais. Établir la liste des courses pour la semaine.	Dégivrer et nettoyer le réfrigérateur et le congélateur.	Grand nettoyage des placards. Trier les denrées alimentaires (pâtes, riz, etc.).

bonnes habitudes pour petits cochons

☑ ranger ses affaires en rentrant : rien de plus simple que d'enlever son manteau, de le suspendre, d'enlever ses chaussures et de porter son cartable dans sa chambre avant de se laver les mains. Et s'ils rechignent, le goûter, de toute façon, c'est pour après !

☑ ne pas laisser son linge sale dans sa chambre : vous avez le choix entre plusieurs solutions mais, une fois que la décision est prise, ne revenez pas dessus ! Vous pouvez :

→ laisser dans leur chambre un panier qu'ils porteront le jour de lavage jusqu'à la machine ;

→ ou leur demander de porter leur linge au fur et à mesure. Dans ce cas, voyez grand et clair : un bac au minimum pour le linge qui se lave à 60 °C, un autre pour les couleurs.

☑ apprendre à ranger : même un tout-petit peut rassembler ses jouets délaissés dans le salon et les placer dans un panier ou un coffre. Il transportera lui-même son camion rempli de jouets ou le bac à roulettes jusqu'à sa chambre. Vroum, vroum, pour lui, c'est un jeu !

☑ ils veulent essayer, ne les bridez pas ! Combien de fois avez-vous répondu à votre petit qu'il ne pouvait pas vous aider ? Trop petit, trop dangereux, trop ceci ou trop cela. D'ailleurs, très vite, il ne vous le demande plus et, à l'adolescence, c'est encore pis ! Laissez-les vous aider : en rangeant leurs affaires, en passant un petit chiffon propre sur leurs jouets, en mettant eux-mêmes leur doudou dans la machine à laver. Bien entendu, ne les laissez pas manipuler l'eau chaude et les produits dangereux, et n'en demandez pas trop. C'est imparfait ? Ce n'est pas grave, vous avez passé un bon moment avec lui. Et c'est ce qui compte. Il s'en souviendra et le ménage ne sera plus associé à une corvée.

bonnes résolutions

vous n'oublierez jamais

- que plus souvent vous agirez, meilleur sera le résultat
- qu'une bonne organisation vous fera gagner du temps et de la sueur
- que le manque d'hygiène peut entraîner des petits pépins de santé
- que tout le monde doit s'y mettre (il n'y a pas de raison !)

vous aurez une maison agréable et nette

- si vous ne laissez rien traîner
- si vous nettoyez régulièrement même ce qui ne se voit pas
- si vous vous forcez à faire ce que vous n'aimez pas faire
- si la cuisine et la salle de bains sont quotidiennement nettoyées

vous pourrez oublier de temps en temps

- de dépoussiérer les cadres, mais pas de descendre la poubelle
- de retourner le matelas, mais pas de changer les draps
- de repasser le linge en coton seulement si vous l'avez bien étendu

vous serez imbattable

- si vous savez repérer les endroits mal nettoyés
- si vous triez régulièrement
- si vous éprouvez de la satisfaction quand la maison sent bon
- si vous aimez recevoir dans une ambiance agréable
- si vous savez vous féliciter pour votre courage et votre ténacité

(sinon, laissez tomber, vous êtes irrécupérable !)

Et si on rangeait ?

Nos maisons d'aujourd'hui sont remplies d'objets, d'ustensiles, de matériel, d'équipement de loisirs... Voilà qui ne nous facilite pas la tâche !
Le plus dur, bien souvent, avant le ménage, est de savoir où ranger tout ça.
Pas de panique, nous allons relever ensemble le défi.

Inutile de vous obstiner à garder votre maison propre si les placards débordent et que vous ne savez jamais où ranger vos affaires. Ce serait comme de coller un emplâtre sur une jambe de bois. Pour réussir, n'hésitez pas à remettre en question l'organisation de la maison : n'ayez pas peur d'éliminer le superflu, de stocker ce qui vous sert rarement, de regrouper ce qui va ensemble (la machine à laver et le sèche-linge, par exemple). Et si vous pensez réaliser cet exploit en un coup de baguette magique, retournez à vos grimoires et sautez ce chapitre !

évaluation des dégâts

Faites le tour de la maison un carnet et un stylo à la main. Pour chaque pièce, dressez l'inventaire des rangements (placards, commodes, penderies, etc.) et de ce qu'ils contiennent. Notez aussi tout ce qui traîne faute de rangement adapté. N'oubliez ni les bibelots, ni les chaussures, ni le courrier en instance…

Dans l'entrée

	OUI	NON
Les chaussures sont jetées en vrac au milieu du passage		
Les manteaux sont entassés dans un coin		
Le sac-poubelle de la semaine dernière bloque la porte		

Dans le salon

Les DVD gisent sous le canapé		
Les reliefs du plateau télé ont taché la moquette		
La table à repasser et le linge propre encombrent l'espace		
Les poils du chien recouvrent le fauteuil d'un duvet disgracieux		
Les livres ont le dos cassé, des pages déchirées		
Les rideaux sont grisâtres et mal accrochés		

Dans la cuisine

Vaisselle sale et vaisselle propre, tout est mélangé		
La moitié des denrées du réfrigérateur est bonne à jeter		
Le dessus des placards est poisseux et poussiéreux		
Vous avez des plats de toute sorte dont vous ne vous servez jamais		
Vous ne parvenez pas à tout ranger, alors tout traîne n'importe où		

Dans la salle de bains

- Brosses à dents et brosses à cheveux sont dans le même pot
- Les serviettes ne sont jamais tout à fait sèches
- D'ailleurs, vous ne savez pas où les ranger
- Le placard sous la vasque déborde
- La machine à laver prend toute la place

Dans la chambre des parents

- La porte de la penderie baille depuis longtemps, et alors ?
- Le lit est recouvert de vêtements
- L'armoire est pleine, mais vous portez toujours le même pantalon
- Il n'y a plus aucune place pour circuler

Dans la chambre des enfants

- Ils ont perdu les pions de leur jeu préféré
- Les draps de leur lit sont toujours en vrac
- Ils font leurs devoirs n'importe où
- Leurs vêtements traînent partout

Dans la buanderie

- Vous n'en avez pas
- Le linge n'y est pas rangé
- Les produits ménagers sont posés au sol

résultats

Chaque fois que vous aurez répondu « oui », c'est qu'il y a un léger souci d'organisation. Placards trop petits, mal adaptés ou même inexistants ou encore mauvaise répartition de leur contenu.

De toute évidence, il vous manque le bon plan qui va vous sauver de l'asphyxie.
Comme le monde ne s'est pas fait en un jour, votre révolution intérieure ne se fera pas en quelques heures. Soyez patient et suivez nos dix commandements (voir p. 40).

Mener l'enquête !

Vous voilà muni du plus bel outil qui soit : une liste précise de vos possessions et une autre de vos meubles, et vous avez répondu au questionnaire.

Si vous n'avez rien de tout ça, alors retournez à la page « Évaluation des dégâts » et reprenez tout depuis le début. Voilà, c'est fait ? Tout le monde est prêt ? C'est parti !

Tous les placards débordent

Il est temps de faire du tri ! Vous avez jeté et rangé et vous forcez toujours sur les portes pour les fermer. Une décision s'impose ! Vos meubles sont trop petits !

Reprenez papier, crayon et votre bâton de pèlerin :

• N'y a-t-il pas dans une autre pièce un placard à moitié vide ?
• Pouvez-vous aménager autrement la penderie en déplaçant les étagères ?
• Vous êtes trop sentimental et vous n'avez pas fait assez de tri.
• Si malgré cela, vous manquez toujours de rangement, filez au chapitre suivant.

Le salon est très encombré et les chambres sont vides

C'est que vous aimez vivre les uns sur les autres ! Tout y est entassé sans discernement. Deux solutions : vous aimez ce capharnaüm et on ne peut plus rien pour vous ; vous rêvez d'un salon impeccable et bien rangé.

Demandez aux grands et petits de rassembler ce qui leur appartient et entraînez vos troupes dans un tri sélectif : les affaires scolaires doivent retourner dans les chambres, les outils de Monsieur dans le garage, la table à repasser de Madame dans la buanderie.

L'ASTUCE DE BÉATRICE ET DANIÈLE

Pour que la boîte à couture ne finisse pas dans la salle de bains et les gouaches des petits dans votre lit, prévoyez un rangement adapté pour chaque activité. Rassemblez-y tous les accessoires utiles et laissez-vous une marge pour en ajouter si besoin. Cette répartition vous fera gagner du temps et de l'énergie.

Vous n'atteindrez jamais un résultat parfait, inutile de vous faire des illusions. Certains objets, jeux et magazines reviendront inévitablement encombrer le salon. Profitez du nettoyage hebdomadaire pour les remettre à leur place.

Réservez à chacun un rangement personnel dans cette pièce (tiroir, panier ou coffre) où il pourra stocker ce qu'il veut, à la condition expresse de ne pas en mettre plus que ce que le rangement peut contenir.

La cuisine et la salle de bains ne sont pas nettes

À force d'entasser flacons ou denrées, vous avez rendu ces deux pièces impossibles à nettoyer ! D'ailleurs, depuis quand avez-vous perdu le bouchon du dentifrice et la notice de la machine à laver ? Allez, du nerf, vous ne pourrez pas gagner de la place si vous ne changez pas vos habitudes.

Première étape : munissez-vous d'un grand sac en plastique et jetez tout ce qui est périmé, ouvert depuis plus de trois mois, les flacons vides et les poubelles pleines. C'est fait ? Oh, pas tout à fait. Il y a sûrement dans ces deux pièces des ustensiles qui n'ont rien à faire là et doivent trouver leur place ailleurs.

Cherchez bien : on garde souvent des objets que le temps a rendu inutiles (les accessoires de toilette pour bébé par exemple, le sèche-linge déglingué, les serviettes usées, etc.). Et ne rachetez pas ce qui ne vous manque pas ! Vous ferez des économies d'argent et de temps !

Les dix commandements qui vous feront gagner de la place

1

Du tri vous ferez : qui dit tri sévère dit gain de place. Éliminez tout ce que vous ne portez pas ou trop rarement, les vêtements trop petits des enfants, les vieilles chaussures, les parapluies aux baleines cassées, la vaisselle ébréchée, les vieux magazines, tout ce que vous pensiez réparer un jour et qui moisit dans le grenier.

2

Vos rangements, vous organiserez : à portée de main, vous garderez ce qui vous sert tous les jours et tout ce qui permet aux petits de participer. À bras tendus, vous stockerez ce dont vous vous servez une fois par semaine ou une fois par mois. Réservez les endroits inaccessibles aux objets dont vous ne vous servez jamais ou si peu que vous avez oublié leur existence ! Protégez-les de la poussière, ils vieilliront moins vite.

3

Les points noirs vous résoudrez : réglez une fois pour toutes les problèmes récurrents, comme les manteaux qui traînent dans le salon… Est-ce si difficile d'installer un portemanteau dans l'entrée ?

4

Le linge vous plierez : bien plié, le linge prend moins de place et reste net plus longtemps.

5

Les saisons vous suivrez : inutile de garder dans la partie centrale du placard la couette de l'hiver en plein été ! Il existe aujourd'hui des housses sous vide qui réduisent considérablement leur encombrement. Placez-la ensuite au sommet de la penderie, dans les tiroirs sous votre lit ou au grenier.

6

Le stock vous éviterez : 25 serviettes pour 4 personnes, 5 nappes et 15 torchons… Êtes-vous sûr que cette panoplie n'est pas excessive ? Restez rationnel avec le linge de maison. Deux jeux de serviettes (petite, moyenne et grande) par personne suffisent. Pour plus de clarté, donnez une couleur à chacun.

7

Vos habitudes vous écouterez : nous avons tous nos petites manies et nos préférences. C'est particulièrement vrai dans la cuisine. Vous trouverez sans doute de bonnes raisons pour éliminer le moule à gaufres ou tout autre appareil qui ne sert jamais.

8

Jamais vous n'achèterez : sans avoir vérifié que vous en aviez vraiment besoin, et seulement si vous avez prévu la place nécessaire pour ranger votre nouvelle acquisition.

9

Des produits à tout faire vous choisirez : les rayons des supermarchés sont remplis de produits hyperspécialisés. Cependant, vous n'aurez pas besoin d'entasser bouteilles, flacons et boîtes pour avoir une maison propre. Les produits simples et efficaces que nous conseillons (vinaigre blanc, bicarbonate de soude, liquide vaisselle, etc.) nettoient tout du sol au plafond.

10

La règle des 3C vous respecterez : Courage, Constance et Créativité sont les maîtres mots de votre nouvelle organisation. Du courage pour aller au fond des choses, de la constance pour améliorer la vie quotidienne, de la créativité pour adapter le changement à ses habitudes de vie.

ET SI ON S'EQUIPAIT ?

Rien à faire, vous avez trié, rangé, stocké... et vous manquez encore de place ! Nous avons encore plein de trucs et d'astuces dans notre musette.

Vous avez posé un regard neuf sur votre manière de vivre et de ranger dans la maison. Recommencez en vous intéressant cette fois au mobilier. Reprenez un papier et un crayon et dressez la liste de vos rangements, pièce par pièce. Vous pensez en avoir terminé avec cet inventaire ? Détrompez-vous, il y a encore chez vous des surfaces inutilisées ou mal exploitées. Vous allez apprendre comment les repérer et les équiper.

En quête de place

L'idée selon laquelle vous manquez de place est bien commode ! Au lieu d'agir, vous vous désolez sans cesse : « Il faudrait une maison plus grande, il faudrait une pièce de plus, etc. » Mais avez-vous déjà fait l'inventaire des tous les recoins inutilisés ?

Qui reste nu s'habille

Un mur nu, quand on a besoin de place, est un mur perdu. Cherchez bien, vous en avez sûrement oublié un. Il peut se trouver derrière une porte, peu importe ! Équipez-le d'étagères dont la largeur ne gênera pas son ouverture.

Trouver le bon coin

Avez-vous déjà mesuré l'espace qui sépare l'embrasure des portes au plafond ? Non ? Alors, c'est le moment. Bien souvent, vous aurez assez de place pour y accrocher une étagère où vous stockerez ce qui ne vous est utile qu'une ou deux fois par an. Continuez à chercher : un dessous d'escalier, un recoin de toilettes, un grenier mansardé, tout est bon à prendre.

À la porte !

Des livres, des produits de toilette, des vide-poches, des portemanteaux… les portes peuvent accueillir quantité de petits objets. Mais vérifiez bien leur solidité et leur épaisseur avant d'y fixer quoi que ce soit.

Des mesures à prendre

Avant de vous encombrer d'un nouveau meuble, prenez toutes les mesures du mur où il sera installé, y compris la hauteur qui sépare le sol du plafond, l'emplace-

Le conseil de Béatrice et Danièle

Si vous devez acheter des meubles, prenez bien votre temps et choisissez-les en fonction de ce que vous allez mettre dedans. Cela peut vous éviter l'achat d'un meuble inutile. Et ce sera tant mieux pour votre bourse !

ment des prises électriques et des radiateurs. Dans le magasin, mesurez les cotes exactes du meuble.

Pariez sur l'intégré

Les fabricants de meubles proposent de larges gammes de placards et penderies dont les hauteurs sont variables. Choisissez ceux qui laissent le moins d'espace vide entre leur sommet et le plafond ou entre deux murs. Si les dimensions ne sont pas satisfaisantes, prenez la taille du dessous et ajoutez des boîtes ou des casiers sur le dessus.

Ne jetez pas la commode de grand-mère

C'est bien connu, on range mieux et plus dans un tiroir. Il suffit d'équiper les tiroirs du meuble de style de séparateurs que vous concevrez vous-même ou que vous trouverez en magasin.

On s'assoie dessus !

Vous trouverez facilement coffres ou poufs contenant un coffre. N'y entassez pas ce dont vous n'arrivez pas à vous débarrasser! S'il déborde, vous ne pourrez plus vous asseoir dessus.

Des boîtes et des casiers, oui, mais étiquetés !

Ils vous permettront d'optimiser les rangements mais, si vous devez les vider un par un avant de trouver ce que vous cherchez… où est le gain ? Pour éviter cela, posez sur la face visible une jolie étiquette détaillant le contenu.

Savez-vous planter les clous ?

Dans l'équipe des Nettoyeurs se trouvent sûrement des bricoleurs !
Et ce sera bien utile, croyez-en notre expérience. Rien de plus rageant que d'abîmer un meuble en kit pendant son montage, rien de plus dangereux qu'une étagère qui tient par la grâce de Dieu !

Le bon choix

La plupart du temps, vous ne trouverez des meubles à des prix abordables qu'en kit. Fabriqués à partir de bois compressés ou contrecollés, ils n'ont certes pas le cachet d'un meuble Louis XVI, mais ils ont l'avantage d'être bien plus pratiques ! De plus, leurs finitions sont aujourd'hui très variées et de bonne qualité.

Avant d'acheter, vérifiez tout de même : l'épaisseur des montants et des étagères, la qualité des huisseries, la bonne tenue des finitions. Son montage doit être simple, sinon gare à la prise de tête et à la crise de nerfs ! Le magasin présente généralement le meuble monté pour qu'on se rende bien compte du résultat.

Soyez honnête avec vous

Vous avez prévu d'installer une bibliothèque, une étagère au-dessus de la baignoire, d'équiper l'intérieur d'un placard d'une penderie, le tout fait sur mesure ? Tout ça, c'est bien joli, mais rappelez-nous la dernière fois que vous avez touché un marteau ? Votre adolescence, ah bon… Si vous n'êtes pas un habitué du bricolage, faites-vous aider ou entraînez-vous avec un manuel basique.

On bulle entre deux travaux d'Hercule !

Bien sûr, il faut toujours finir ce que l'on a commencé, mais n'en faites pas trop. Les accidents ménagers (bricolage compris) sont très courants. Montez les meubles un par un et planifiez les travaux. Certaines grandes enseignes vous proposent, moyennant finance, de monter vos meubles à domicile.

Le mode d'emploi est là pour ça

Vous voilà bien marri, les pièces de la penderie éparpillées, un mode d'emploi illisible dans les mains. Illisible ? Vous êtes sûr ? Un peu de méthode devrait vous aider !

1. Lisez à tête reposée l'ensemble de la brochure.
2. Inventoriez et identifiez toutes les pièces (cela vous évitera de confondre vis et tourillon, par exemple), y compris les outils intégrés dans le kit.
3. Suivez scrupuleusement l'ordre des étapes de montage (si l'on vous demande d'être deux pour le montage, soyez deux !).
4. Déplacez le moins possible le meuble que vous venez de réaliser. Bravo !

La boîte à outils du débutant

Il vous faut au minimum :

→1 mètre ruban enrouleur de 3 ou 5 m
→1 petit niveau à bulle
→1 marteau pas trop lourd
→1 petit maillet en caoutchouc dur
→1 ou 2 tournevis plats de différentes tailles
→1 ou 2 tournevis cruciformes
(dont l'embout est en forme de croix)
→1 pince coupante
→1 pince multiprises
→1 clé à molette
→1 assortiment de clous
→1 assortiment de vis et de chevilles
→de la colle Néoprène
→de la colle à bois

Pour percer et fixer

→1 perceuse-visseuse à percussion si vous devez percer du béton
→1 boîte de mèches à bois ou à béton

bonnes résolutions

réduisez et triez vos déchets

Tous les jours

✗ Respectez les procédures de recyclage de votre commune. Elle a sans doute distribué un prospectus récapitulatif, affichez-le dans la cuisine.

✗ Jouez les gros bras en écrasant les bouteilles en plastique, flacons, emballages et cartons ! Ils prendront ainsi beaucoup moins de place dans la poubelle.

✗ Bannissez les lingettes qui produisent de trois à six fois plus de déchets que les ustensiles classiques (serpillières, éponges et chiffons).

Toutes les semaines

✗ Achetez vos produits frais à la découpe dans les rayons charcuterie et fromage de votre supermarché. Leur emballage est beaucoup moins encombrant que celui des produits prédécoupés.

✗ N'oubliez pas votre panier quand vous allez faire vos courses. Vous éviterez ainsi l'accumulation de sacs et pourrez y transporter vos produits sans emballage.

Régulièrement

✗ Si vous avez un jardin, recyclez les déchets organiques (épluchures, marc de café, thé, coquilles d'œufs, croûtes de fromages, fleurs et feuilles fanées, etc.) qui feront un compost très efficace.

✗ Ne jetez pas vos médicaments dans la poubelle.
✗ Confiez-les, y compris les emballages vides, à votre pharmacien. Le dispositif Cyclamed s'occupera de leur destruction[1].

Les Français à eux seuls jettent chaque année près de 100 milliards d'emballages, dont la moitié sont en plastique. L'autre moitié se partageant entre le papier ou le carton, le verre et le métal. Les déchets d'emballages ménagers représentent plus de 5 millions de tonnes, soit 25 % du poids de notre poubelle (soit 75 kg sur les 360 kg/hab/an) et environ 35 % en volume.

1. Depuis janvier 2007, Cyclamed ne redistribue plus les médicaments aux organisations humanitaires.

Tous les mois

✗ Faites de même avec les objets encombrants (meubles ou électroménager). Bien souvent, un service communal peut les prendre en charge, évitant ainsi que votre rue ne devienne une décharge !

Tous les six mois

✗ Déposez les piles et accumulateurs dans les conteneurs prévus pour cela. Vous en trouverez sûrement un dans votre supermarché. Pour ne pas les oublier et décider un jour, faute de mieux, de les jeter à la poubelle, glissez-les au fur et à mesure dans votre panier de courses. Les métaux contenus dans les piles sont dangereux pour la santé. Faites un effort et consommez moins !

Une fois pour toutes

✗ Votre boîte aux lettres est asphyxiée de prospectus que vous ne lisez jamais ? L'étiquette « Stop pub » signale au facteur qu'il doit vous oublier. Il suffit de 15 % de boîtes aux lettres en moins pour réaliser 150 000 tonnes d'économie de papier !

RANGER

Pièce par pièce

LA SALLE DE BAINS
ET LES TOILETTES

Vous vous étiez fait à l'idée que la salle de bains serait perpétuellement encombrée, mal rangée et un peu négligée ? Changez de point de vue !

Non, ce n'est pas une fatalité… la salle de bains (même petite) d'une grande famille peut rester propre et nette. Mais vous ne devez pas lésiner sur les rangements et éventuellement envisager le remplacement des sanitaires.

Rappelez-vous ce dicton : « une place pour chaque chose, chaque chose à sa place ». Il s'applique ici plus qu'ailleurs, tant la place est comptée. Vous l'adapterez au nombre de personnes qui utilisent la salle de bains : à chacun son coin et les placards seront bien rangés !

évaluation des dégâts

Vous nettoyez toutes les semaines, vous rangez tous les jours et, pourtant, la salle de bains a toujours ce petit air chiffonné qui vous rend chagrin au petit matin. Dressez le bilan de ce qui cloche avant d'ajouter un rangement mal adapté dans cet espace si petit.

Autour du lavabo

	OUI	NON
Tout est rangé en évidence		
Vous avez installé des étagères sur les murs		
Un porte-serviette reçoit l'essuie-mains		

Sous le lavabo

	OUI	NON
Vous disposez de rangements faciles d'accès		
Vous avez un placard fermé		
Vous avez accès au siphon en cas de besoin		

Autour de la baignoire ou de la douche

	OUI	NON
Vous avez des étagères d'angle pour les shampoings et gels douche		
Vous avez à portée de main des serviettes sèches et propres		
Un porte-serviette vous permet de les faire sécher		

Dans les placards

- Les produits sont rangés par fonction
- Vous trouvez tout de suite ce que vous cherchez
- La pharmacie ne contient pas de produits périmés

Si le lave-linge est dans la salle de bains

- Lessives et assouplissants sont hors de portée des enfants
- Votre système d'étendage fonctionne

Si vous partagez votre salle de bains

- Chacun a un rangement bien à lui
- Les serviettes sont de couleurs différentes, on ne peut pas se tromper
- Pas question de laisser traîner son Coton-tige usagé

résultats

Quand vous avez répondu « non », il faut agir ! Vous n'avez pas d'étagères autour du lavabo ? Vos produits, vous les mettez dedans ? Vous n'avez pas de porte-serviette ? Ne vous étonnez pas que les serviettes pour la douche soient toujours humides... Servez-vous de vos réponses pour améliorer le rangement. C'est simple comme bonjour.

Gagner de la place

Vous le savez déjà, tout ce qui est inutile, périmé ou abîmé dans une salle de bains doit être impérativement évacué. Il en est de même avec les rangements. N'ayez aucun remords : jetez les étagères à ventouse qui ne tiennent pas sur les murs, le meuble placé sous le lavabo dont les portes ne ferment plus, le chariot en plastique déglingué… Portez donc ce fatras dans la benne à ordures la plus proche.

Jouez la sécurité

Sèche-cheveux posé sur le rebord du lavabo, serviettes roulées en boule, flacons de shampoing renversés dans la baignoire… mais qu'avez-vous fait de votre jugeote ? Un appareil électrique à proximité de l'eau, des obstacles au sol, des produits glissants sur les revêtements… vous courez de grands risques. Qui dit aménagement de la salle de bains dit recherche d'une sécurité maximale pour rester sain et sauf.

Calculez au plus juste

Prenez soigneusement toutes les cotes de la pièce. Hauteur, largeur et longueur des murs et des sanitaires. Chaque millimètre compte, soyez précis. Quand vous chercherez des meubles gain de place, n'oubliez pas de mesurer l'encombrement nécessaire à l'ouverture des portes. Si la salle de bains est très étroite, préférez les étagères à tout autre meuble.

Changez les sanitaires

La baignoire accueillerait une colonie mais, chez vous, personne ne prend de bain. La douche fuit et le pied du lavabo vous interdit de ranger quoi que ce soit dessous. Il est temps de ménager un budget pour changer les sanitaires. Si vous reprenez les arrivées d'eau et les évacuations existantes, ce n'est pas sorcier et peu coûteux. Il existe aujourd'hui des baignoires et des douches de toutes tailles, il y en a sûrement une pour vous. Les vasques à fond plat et les lavabos d'angle posés sur des meubles ou des plans vous feront gagner un beau volume de rangement.

LE CONSEIL DE BÉATRICE ET DANIÈLE

Les produits de toilette se périment comme les aliments. Ne conservez pas un parfum plus de trois ans ; les laits, lotions et fonds de teint liquides entre six mois et un an ; tout ce qui sert à vos yeux de biche (mascara, eye-liner) a une durée de vie de trois à six mois ; les poudres et fards à paupières se conservent deux ans ; les rouges à lèvres moins d'un an.

Calmez votre ardeur

Oui, la salle de bains a besoin de rangements, non, elle n'a pas besoin d'en avoir trop. S'ils rendent impossibles vos déplacements, gênent l'ouverture d'une porte ou sont trop vastes pour que vous y rangiez soigneusement vos affaires, c'est qu'ils ne conviennent pas. Dans ce cas, mieux vaut se contenter de quelques étagères et lutter contre l'accumulation.

Deux formats standards

Ne cherchez pas, il n'existe pas, ce placard qui collera parfaitement aux dimensions de votre pièce. La plupart du temps, vous trouverez deux profondeurs dans une même gamme : 10 et 40 cm. Le moins profond est utile pour stocker les flacons et produits de toilette, le second, pour les objets plus encombrants comme le rasoir ou le sèche-cheveux. Sous la vasque, renoncez tout de suite aux étagères : profondes et peu accessibles, elles seront vite encombrées et vous n'y trouverez plus rien. Des tiroirs compartimentés s'imposent !

Voyez haut, mais accessible

Si vous manquez encore de place, équipez le haut des murs d'étagères. Plus elles seront longues, plus elles seront élégantes. Placez-les à bonne hauteur : suffisamment basses pour qu'elles reçoivent des paniers ou des serviettes, suffisamment hautes pour qu'elles ne vous arrachent pas le cuir chevelu à chaque passage !

Pas de bobo sur l'escabeau

Votre stratégie gain de place vous amènera à placer des

rangements en hauteur et, pour les atteindre, vous aurez besoin d'un escabeau. Il doit être solide et stable.

Dispersez vos troupes !

Votre salle de bains est toute petite, mais votre famille est grande ? Pour éviter la bousculade matinale et l'encombrement autour du lavabo, préparez à chacun un petit panier avec ses affaires personnelles qui sera stocké dans sa chambre. Si vous avez des filles, installez une coiffeuse avec un miroir et un petit tabouret, elles pourront se pomponner sans vous faire attendre devant la porte de la salle de bains.

Rempotez !

N'enfermez pas ce que vous utilisez tous les jours dans des boîtes superposées les unes sur les autres. Vous pensiez gagner de la place, mais vous perdrez du temps. Préférez les pots, les paniers ouverts, les boîtes sans couvercle (elles doivent être solides et lavables). Tout ce qui vous est utile quotidiennement doit être rangé à portée de main dans des contenants accessibles, lavables et qui vous permettent d'attraper tout de suite leur contenu ! Rassemblez par thème votre armada de tubes et flacons : un pot pour les dents, un pot (ou panier) pour les cheveux, un autre pour les soins dermatologiques

LE CONSEIL DE BÉATRICE ET DANIÈLE

Vraiment, l'aménagement et le bricolage ne sont pas votre tasse de thé ou vous ne pouvez les réaliser pour des raisons de santé ? Pas de panique, les entreprises de services à la personne ont aussi des bricoleurs à vous proposer. Leurs tarifs sont calculés à l'heure. N'hésitez pas à vous renseigner auprès de votre Caisse d'allocations familiales ou de votre mairie de quartier.

(crèmes, laits pour le corps), un pour le maquillage, etc. Tout ce dont vous vous servez une fois par semaine ou moins ne se trouvera pas à portée de main, mais pas en Sibérie non plus ! Réservez un tiroir plus éloigné du lavabo, le sommet d'un placard ou rangez-les simplement derrière les affaires de tous les jours.
Ce dont vous vous servez rarement peut être placé en hauteur. Attention, loin des yeux, loin du cœur ! Si vous les rangez hors de portée, n'oubliez pas qu'ils existent et, avant de vous précipiter dans une pharmacie ou au rayon beauté de votre supermarché, contrôlez votre stock.

Mais où ranger les serviettes ?

Dans une salle de bains, il y a deux types de serviettes : celles que l'on utilise et qu'il faut faire sécher et celles qui ne servent pas. Ne vous imaginez pas que vous pourrez ranger les deux au même endroit, vous ne saurez plus faire la différence ! Et il est assez désagréable de s'essuyer avec une serviette douteuse !
Il vaut mieux, dans les petites salles de bains, réserver un porte-serviette accroché au mur à chacun (ou un sèche-serviette). Sur un crochet, la serviette tombera souvent et sèchera moins vite. Préférez les barres, même petites, que vous pourrez échelonner sur le mur à la portée de chacun des membres de votre famille.
Et les propres ? Soit vous les gardez dans un placard fermé dans la salle de bains (mais gare aux moisissures !) soit sur une étagère serviteur, placée en hauteur. Le mieux est sans doute de rassembler tout le linge de maison dans une seule armoire (voir chapitre « La chambre ») installée dans une pièce où il n'y a ni humidité ni condensation.

L'étendage

Exploitez l'espace libre au-dessus de la baignoire pour y suspendre un étendage. Vous aurez le choix entre :

• **un séchoir fixé au mur** qui se replie facilement. Le plus dur sera de décider de sa hauteur : assez haut pour qu'il ne vous gêne pas quand vous utilisez la baignoire et assez bas pour que vous puissiez étendre le linge sans monter sur le rebord de ladite baignoire ;

• **un séchoir de plafond** que vous descendez et remontez à votre guise. Ces derniers sont toutefois un peu lourds à manipuler une fois le linge étendu.

Le linge sale

Le mieux est de le stocker dans un sac en tissu à proximité de la machine. Idéalement, vous devriez en avoir deux (l'un pour le blanc, l'autre pour la couleur) soigneusement étiquetés pour que tout le monde s'y retrouve. Le plus simple est le sac à pommes de terre, qui se referme grâce à un cordon. Mais qui l'ouvrira pour y mettre son linge ? Investissez plutôt dans un sac fixé à une armature légère de métal qui se glisse partout. Certains

LE CONSEIL DE BÉATRICE ET DANIÈLE

À tambour battant !

Vous n'avez pas de place pour installer le lave-linge ailleurs que dans la salle de bains, qui s'est rapidement transformée en friperie. Il faut agir !

• Si vous le pouvez, optez pour un lave-linge hublot qui vous permet de poser dessus un sèche-linge ou le panier de linge sale. Vérifiez toujours que vous avez suffisamment de place devant pour le charger sans transpirer !

• Plus étroit que le premier, le lave-linge top se glisse partout, mais vous ne pourrez rien stocker sur son plateau.

• Le lave-linge séchant vous fera gagner une place conséquente. Plus cher, il vieillit aussi plus vite, surtout quand vous achetez un modèle de gamme moyenne.

ont deux bacs sur une même structure. Ou mieux, un coffre dont le bac bascule et sur lequel vous pourrez ranger des produits.

Si vous n'avez plus de place au sol, pourquoi ne pas suspendre les sacs de linge sale au dos de la porte ou sur un mur ? Vous en trouverez intégrés à un placard. Peu importe sa forme, sa couleur et sa matière, nous, ce que l'on veut, c'est un sac qui se lave ! Eh oui, à force de contenir de la crasse, il va s'encrasser à son tour et un petit lavage tous les six mois ne peut pas lui faire de mal. De plus, si sa housse est amovible, vous pourrez transformer le sac de linge sale en sac de linge propre qui vous suivra jusqu'à la planche à repasser et aux placards. Il vous suffit soit de laver la housse, soit d'en réserver une autre pour cet usage.

Le conseil de Béatrice et Danièle

L'incontournable sèche-serviettes

Si vous décidez d'équiper votre salle de bains de sèche-serviettes électriques, sachez que vous aurez le choix entre un radiateur branché sur votre système de chauffage central ou un branchement électrique indépendant. Dans les deux cas, respectez scrupuleusement les consignes de sécurité et les distances qui séparent l'appareil des points d'eau, surtout si vous utilisez un appareil électrique (renseignez-vous lors de votre achat). Le sèche-serviettes doit se placer si possible contre les parois froides ou sous les fenêtres.

DANS
LA SALLE DE BAINS
ET LES TOILETTES

Ils sont indispensables :

- un placard mural au-dessus du lavabo (si possible avec un miroir)
- un porte-savon
- un porte-brosses à dents
- une armoire à pharmacie en hauteur
- un rangement (autant d'étagères que de personnes)
- un porte-serviette (autant que de personnes)
- un crochet pour les gants (autant que de personnes)
- un porte-savon mural pour la baignoire ou la douche
- les patères de porte sans clous pour les peignoirs

Ils sont facultatifs, mais bien pratiques (selon votre usage) :

- les caissons à roulettes
- les rangements semi-circulaires si votre lavabo a un pied
- les étagères étroites et coulissantes à glisser entre le lave-linge et le mur
- tous les accessoires (portemanteaux, étagère de porte, porte-sèche-cheveux, etc.) pour peu que vous vous en serviez !
- tabourets et dessertes pliants

Vous pouvez vous passer de :

- serviettes de plage dont la surface est plus grande que celle de la salle de bains. Difficiles à laver, à faire sécher et à plier, elles prennent une place folle dans l'armoire. Quand elles seront usées, achetez des serviettes dont les fibres seront plus absorbantes et plus minces que celles de l'éponge classique
- de produits en surnombre, que vous avez achetés sur une impulsion plutôt que de manière raisonnée (crème pour ceci, gel pour cela, shampoing pour cheveux blonds frisés en plus de votre shampoing habituel !). En général, deux ou trois bons produits suffisent.

LA CUISINE

Dites-nous comment vous faites la cuisine et nous vous dirons comment l'aménager ! Inutile de vous encombrer d'un grand congélateur si vous ne cuisinez que des produits frais, ou d'un four hyperperfectionné si vous ne mettez jamais la main à la pâte !

En un mot comme en cent, une cuisine est d'abord et avant tout pratique, c'est-à-dire facile à nettoyer, facile à vivre, conçue pour vous éviter les accidents domestiques, les pas perdus et les ratages culinaires. Qu'elle soit grande ou petite, elle ne contient que le strict nécessaire, toujours bien rangé ! Elle doit, bien entendu, être entretenue quotidiennement.

ATTENTION !

La plupart des accidents domestiques graves ont lieu dans la cuisine. Ils touchent les enfants, mais aussi les adultes. Certains produits ménagers ou produits chimiques peuvent causer de graves brûlures ou des intoxications. Entreposez ces produits hors de portée des enfants et lisez bien les avertissements des fabricants. Protégez-vous en portant des gants de caoutchouc, des lunettes, un masque et un tablier. Ne mélangez pas deux substances ou plus ensemble sans être certain que le mélange ne provoquera pas une réaction violente et incontrôlable, ou des émanations toxiques.

évaluation des dégâts

Regardez votre cuisine et dressez l'inventaire de tout ce qui ne se case nulle part. Soit vous en avez besoin et il faut lui trouver une place, soit il vous encombre et il faut le jeter ! C'est simple la vie, non ?

Dans la cuisine en général

	OUI	NON
Vous avez l'impression de toujours manquer de place		
Il reste encore des espaces inoccupés		
Vous vous cognez contre les meubles au moindre mouvement		

Dans les placards

	OUI	NON
Les étagères sont pleines à craquer		
Les tiroirs ne ferment plus		
Vous ne savez même plus ce qu'il y a dedans		
Produits ménagers et nourriture sont stockés au même endroit		

Sur le plan de travail

	OUI	NON
Il n'y a plus de place pour préparer les repas		
La vaisselle sale s'y entasse		
Les prises des appareils électroménagers font des nœuds		
Vous n'avez pas de lumière pour l'éclairer		

L'électroménager

- Le lave-vaisselle est en panne et personne ne s'en occupe
- Vous possédez un robot 50 fonctions et ne vous en servez jamais
- Le réfrigérateur est rempli de givre

Le coin repas

- Les chaises encombrent l'espace
- La table est instable
- Le plateau n'est jamais très net, car toujours encombré

résultats

Dans la cuisine en général

Si vous avez plus de « oui » que de « non », c'est qu'il vous faut réfléchir à l'aménagement dans son ensemble (voir chapitre « Gagner de la place »).

Dans les placards

Si vous avez plus de « oui » que de « non », c'est qu'il faut vous secouer les puces ! On vous l'a déjà dit, gain de place = tri = rangement rationalisé ! En outre, une telle négligence peut être dangereuse pour votre santé !

Sur le plan de travail

Si vous avez plus de « oui » que de « non », c'est que vous ne faites jamais la cuisine, sinon vous sauriez que pour cuisiner et préparer les ingrédients, il faut un minimum de place !

L'électroménager

Si vous avez plus de « oui » que de « non », c'est que vous ne regardez pas vos factures d'eau et d'électricité. Des appareils en mauvais état sont des appareils qui consomment plus et la vaisselle à la main demande bien plus d'eau qu'un lave-vaisselle bien rempli.

Le coin repas

Si vous avez plus de « oui » que de « non », c'est que vous n'avez pas le sens des priorités. Révisez vos classiques et vous verrez que, bien assis autour d'une table propre, on mange mieux !

Gagner de la place

La superbe cuisine intégrée des magazines vous fait rêver ? Mais elle est hors de prix et, consolez-vous, parfois bien peu pratique à vivre au jour le jour. Une cuisine, une vraie, contient juste ce qu'il vous faut et rien de plus. Et pour ranger ce rien (qui est tout), des placards et des tiroirs adaptés sont nécessaires.

Pour ranger sans se ruiner

Inutile de faire table rase pour obtenir un rangement performant. Ouvrez les placards et prenez les dimensions intérieures, elles vous seront utiles quand vous ajouterez un accessoire ou une étagère supplémentaire. Les étagères sont-elles fixes ou pouvez-vous en modifier l'emplacement ? C'est un petit détail, mais il change tout.

Fixes, elles ne s'adaptent pas à ce que vous mettez dedans et l'espace entre deux étagères est trop haut ou trop bas. Bref, vous perdez de la place ! Pour y remédier, jusqu'à maintenant, vous empiliez les assiettes dangereusement ou rangiez les paquets alimentaires à l'horizontale… Pour éviter ça, équipez les placards d'étagères intermédiaires. Calculez l'espace entre deux en fonction de ce que vous allez mettre dedans. Pour les bricoleurs, c'est un jeu d'enfant, pour les autres, il vous reste tout de même une solution : l'étagère nomade ou le porte-assiettes qui se glisse dans le placard et tient sans clous ni vis !

ATTENTION !

Pour gagner de la place dans une cuisine, il ne suffit pas d'ajouter des rangements sans discernement. Avant de vous lancer dans un aménagement, faites objectivement le point sur la façon dont vous l'utilisez. Sinon, vos efforts seront voués à l'échec.

On accessoirise !

Le monde est plein de ressources et votre cuisine aussi ! Il vous suffit d'aller faire un tour sur Internet et de chercher « accessoires de rangement pour la cuisine » pour découvrir mille et une astuces qui vous faciliteront la vie. Mais attention, toutes ne sont pas faites pour vous ou l'équipement que vous avez déjà. Avant de craquer pour un quelconque accessoire magique, vérifiez son utilité dans votre cuisine et que ses dimensions ne rendent pas son installation impossible !

Ça porte, ça coulisse, ça s'escamote !

Dresser la liste des accessoires disponibles sur le marché est impossible, mais nous avons sélectionné ceux qui ont fait preuve de leur efficacité. Choisissez-les toujours de bonne qualité et assurez-vous qu'ils ne risquent pas de provoquer des accidents fâcheux ni de vous encombrer plus qu'autre chose.

Ils portent :

Le porte-verres et le porte-tasses à suspendre sur l'étagère supérieure mettent les verres à pied et les tasses à l'abri de la casse et les protègent des traces de doigts disgracieuses ! Laissez toujours en dessous l'espace suffisant pour les manipuler sans risque (existe en version coulissante).

Le porte-assiettes se glisse dans le placard, sans plus de cérémonie, et vous permet de réduire les piles d'assiettes (existe en version coulissante).

Le porte-couvercles que vous accrochez sur la porte d'un placard ou sur un mur vous évitera d'empiler les couvercles à la diable sur les casseroles. Vous y gagnerez en place et en efficacité.

Le porte-bouteilles : un grand classique que vous pourrez glisser dans une étagère ou entre deux meubles. Ainsi rangées, les bouteilles ne risquent rien, prennent moins de place et se conservent mieux.

Le porte-boisson, à réserver aux familles qui consomment beaucoup de sodas. Il est élégant et peut se ranger dans le réfrigérateur.

Le porte-serviettes, bien à l'abri sous l'évier, il vous libère des accroches aux ventouses capricieuses qui aiment à se détacher du mur, surtout quand les torchons sont propres ! De plus, vous trouvez ça joli des torchons qui pendouillent dans la cuisine (existe en version coulissante) ?

Ils coulissent ou s'escamotent :

Les accessoires coulissants et escamotables sont une bénédiction pour notre dos et notre confort ! Plus besoin de se baisser ou de chercher à l'aveugle les tasses au fond d'un placard, elles viennent à vous.
Parmi les grands classiques, vous ne regretterez pas :

La poubelle coulissante à placer sous l'évier. Certains modèles ont plusieurs conteneurs pour faciliter le tri des déchets.

Les paniers étagères coulissants.

La resserre « entre-deux », une desserte étroite à roulettes à glisser entre un meuble et la cuisinière, par exemple.

Plus délicate à installer (il faut un vrai bricoleur), la table coulissante devient, au gré des besoins, un coin repas, un plan de travail, une planche à repasser… et, une fois qu'on l'a utilisée, hop, elle disparaît ! Un bel outil gain de place dans les petites cuisines.

Les supports coulissants avec panier à fixer à l'intérieur du placard remplacent les étagères lambda.

Dans les coins

Les placards situés à l'angle des pièces sont bien souvent mal exploités, et pour cause, une fois rangés dans le fond, les ustensiles sont inatteignables. Vous pourrez en profiter pleinement si vous les équipez de carrousels à plateaux ou de paniers tournants. La pose doit être soignée, mais le gain de place est conséquent. Les plus sophistiqués sont équipés d'étagères escamotables qui vous éviteront de vous baisser.

C'est fou tout ce que l'on peut mettre dans un tiroir

Ils sont bien souvent trop peu nombreux ou trop petits dans une cuisine classique. Car ils servent à tout : à ranger les couverts, bien sûr, mais, s'ils sont profonds, à entreposer les casseroles, plats et faitouts ou même la vaisselle et l'épicerie. Vous pourrez toujours en adapter de nouveaux sur les meubles bas. Maxi ou mini, un tiroir doit être compartimenté pour que son contenu reste toujours bien rangé. Il existe toutes sortes de modules à compartiments, il y en a nécessairement un qui vous convient.

Sur la crédence

Il semblerait que la cuisine tout entière se soit donné rendez-vous sur le plan de travail. Bocaux, ustensiles, aliments, casseroles, tout y est… sauf la place nécessaire à la préparation des repas ! Faites un geste de salubrité : enlevez tout ! Il sera plus facile à nettoyer et la cuisine deviendra tout de suite plus agréable à vivre. Vous avez un souci ? Vous ne savez pas où mettre ce qui l'encombrait ? Regardez bien, en face de vous se trouve la crédence, cette partie du mur qui sépare les meubles hauts des meubles bas. Il faut d'urgence l'équiper. Et là encore, vous n'aurez que l'embarras du choix. L'élément de base est une barre suffisamment longue pour y accrocher des crochets où vous suspendrez les ustensiles, les couverts de service, etc. Des étagères étroites fixées sur la crédence ou autonomes accueilleront les épices, les bouteilles d'huile et de vinaigre, les condiments, les rouleaux de papier, etc. Sur les barres de métal aimanté, vous garderez les couteaux à portée de main mais loin des petites mains de vos enfants ! Vous pouvez y ajouter de petits pots d'épices magnétiques.

Sur le plan de travail

Rien à faire, il y a toujours quelque chose qui traîne sur le plan de travail. De quoi s'agit-il ? D'aliments ? Vite, il est urgent de les ranger dans le placard (où, ne l'oubliez pas, vous avez gagné de la place !) ou encore de les concentrer dans un panier. La planche à découper ? Suspendez-la à la crédence. Du petit électroménager ? Il va falloir trier ! Êtes-vous sûr d'avoir besoin quotidiennement du mixeur ou du hachoir ? Oui, dans ce cas, installez une étagère rien que pour eux et si possible un rang de prises électriques. Mais vous le savez, nous

LE CONSEIL DE BÉATRICE ET DANIÈLE

Vous auriez vraiment besoin d'équiper vos placards d'accessoires, mais vous ne faites même pas la différence entre un clou et une vis ? Dans certains cas, vous pourrez avoir recours à la colle. Choisissez-la avec un professionnel en lui indiquant quels supports seront collés ensemble et le poids que l'accessoire devra supporter. Respectez impérativement les temps de séchage avant de charger l'objet que vous avez collé ! Sinon, gare à la casse !

sommes plutôt partisanes des placards fermés où les objets sont à l'abri du gras et de la poussière.

Autour de l'évier

Autre point sensible de la cuisine, l'évier a le don d'attirer tout ce dont on ne sait que faire (en dehors de la vaisselle sale !) : éponges, produits ménagers, planches à découper, panier à légumes, etc. Outre que normalement, pour d'évidentes questions d'hygiène, salade et torchons ne se mélangent pas, il est très difficile de faire sa vaisselle au milieu de ce fatras.
Si vous n'avez pas opté pour des étagères sous l'évier, choisissez le « pont d'évier ». Cette étagère enjambe l'évier et vous pourrez y ranger ce qui vous encombre. Vous pouvez aussi y installer une nouvelle barre de crédence. Couvrez l'évier d'un plan de travail adaptable ou d'une planche à découper conçue pour le recouvrir.

De l'électroménager, oui, mais à la bonne taille !

Inutile de vous encombrer d'un lave-vaisselle de douze couverts si vous n'êtes que trois à la maison ou d'un four de grande capacité si vous n'utilisez que le four à micro-ondes. Avant de renouveler votre ancien équipement, révisez vos habitudes : vous faites peu de courses à la fois mais souvent, vous n'avez pas besoin d'un réfrigérateur gigantesque ; si vous ne cuisinez qu'au gaz, pensez à la bonne vieille gazinière compacte avec brûleurs et four ; quand vous rachetez un mixeur, allez voir du côté des gammes qui proposent de petits modèles.

Vous dansiez ? Eh bien, rangez maintenant !

Cigale ou fourmi, peu importe, une cuisine paraîtra toujours plus grande si elle est bien rangée. Et en l'occurrence, il s'y passe tellement de choses que d'y mettre un peu d'ordre est tout un art.

Bonne tactique

Voici deux principes sur lesquels vous pouvez compter : regroupez les objets, les produits frais, les produits ménagers par nature et gardez accessibles ceux que vous utilisez le plus fréquemment.
Ce qui, concrètement, veut dire que vous regrouperez :

Autour de l'évier : liquide vaisselle, éponges, grattoirs, torchons, vinaigre blanc, sacs-poubelle (veillez soigneusement à ce que les enfants n'aient pas accès aux produits dangereux).

À proximité de la cuisinière et/ou du four : casseroles, couvercles, plats, moules à gâteaux et couvercles de service (spatules et cuillères), maniques, minuteur. Stockez les moules, grilles et plaques à four à la verticale dans le placard.

À proximité du plan de travail : ustensiles (fouets, couverts à salade, cuillères, etc.), bol mesureur ou balance, planches à découper, petit électroménager, un panier vide dans lequel vous regrouperez les ingrédients nécessaires à la confection de votre plat.

Dans le réfrigérateur : respectez les consignes du fabricant sur l'emplacement réservé à chaque aliment. Vous économiserez de l'énergie et les aliments resteront bien frais. Vous pouvez regrouper dans un panier en plastique les condiments pour les sauces, ketchup et mayonnaise, cornichons, dans un autre panier, beurre et confitures. Placez bien en évidence les restes de repas dans des boîtes hermétiques et consommez-les rapidement. Les produits qui se conservent longtemps iront dans le fond du réfrigérateur, mais n'oubliez pas chaque

ATTENTION !
Les enfants peuvent, s'ils restent assis à la table de la cuisine, dessiner, participer à un jeu de société, lire ou travailler. Exigez d'eux qu'ils rangent aussitôt leurs affaires et interdisez formellement les jeux au sol qui pourraient être cause d'accidents.

semaine de dresser l'inventaire avant de faire vos courses. Pour le nettoyer, n'hésitez pas à vous reporter à notre premier tome.

Dans le congélateur : tous les produits qui s'y trouvent sont étiquetés ! Notez lisiblement le contenu de la boîte ou du sac et la date de congélation, et pensez à réorganiser le congélateur pour que les aliments congelés soient placés au-dessus du lot ! Ainsi vous ne les laisserez pas se périmer inutilement.
Les barquettes qui se superposent vous éviteront de perdre de la place et vous pourrez les ordonner plus facilement. Ne rangez pas les desserts avec les viandes et les plats mijotés avec les légumes, réservez une partie ou un tiroir du congélateur pour chacun d'eux. De plus, préférez les films transparents plutôt que l'aluminium pour conserver vos aliments. N'oubliez pas de changer l'emballage de vos produits pour un sac spécifique à la congélation.

L'épicerie de tous les jours

Vous pouvez conserver dans la cuisine un stock de base: paquets de pâtes, de riz, de farine et tout autre féculent dont vous faites une consommation régulière.
Rassemblez ce qui vous sert pour la pâtisserie (extrait de vanille, farines, eau de rose, etc.), les produits de base de vos sauces (purée de tomates, anchois, Maïzena, etc.) et toute autre préparation régulière dans des paniers en plastique lavables. Vous aurez tout sous la main pour confectionner vos petits plats et saurez d'emblée ce qui vous manque.
L'idéal est de stocker ailleurs, dans une pièce fraîche et à l'abri de l'humidité, une petite réserve de ces produits de base. Ainsi vous ne serez jamais pris de court !

Rations de survie

Certains tempéraments plus inquiets que d'autres ont besoin d'être rassurés et remplissent leur cave de stocks de pâtes, riz, boîtes de conserve et autres denrées de survie. On ne sait jamais… Loin de nous l'idée de les en blâmer, mais attention, plus un placard contient de nourriture, mieux il doit être organisé. Même les conserves ont une date de péremption et l'humidité peut faire des ravages dans les féculents, quand ils ne sont pas tout simplement dévorés par les mites alimentaires. Nettoyez régulièrement les étagères, ne laissez jamais de paquet entamé dans vos réserves, placez au premier rang les aliments dont la date de péremption est la plus proche.

LE CONSEIL DE BÉATRICE ET DANIÈLE

La liste des plats perdus !

Chaque fois que vous éliminez du réfrigérateur et des placards des produits périmés, dressez-en la liste au lieu de les jeter en fermant les yeux ! Cette liste vous aidera à tirer les conclusions qui s'imposent : la moitié du litre de lait finit toujours à la poubelle ? Achetez des demi-litres, vous gaspillerez moins. Le paquet de beurre de 500 g était en promo mais, quinze jours plus tard, il ne cache plus son goût rance ? Quand vous achetez en gros des produits frais, congelez ce que vous mangerez plus tard. Les amandes effilées achetées exprès pour une recette ont été oubliées au fond du placard ? Quand vous vous décidez pour un plat contenant des ingrédients dont vous ne vous servirez qu'une seule fois, imposez-vous de les finir !

Enfin, ayez toujours dans votre placard un paquet de pinces à linge à disposition. Elles sont utiles pour fermer les paquets et sachets entamés.

Durées de conservation

Aliment	Réfrigérateur	Congélateur
Lait	5 à 7 jours	
Yogourt	7 à 10 jours	
Fromage	3 à 4 semaines	6 mois
Pommes	1 à 3 semaines	
Laitue non lavée	5 à 7 jours	
Viandes froides	1 semaine	3 mois
Boeuf haché	1 ou 2 jours	2 à 3 mois
Côtelettes/rôti	3 à 5 jours	8 mois
Pizza surgelée		1 à 2 mois
Vinaigrette	3 mois	
Mayonnaise	2 mois	
Ketchup	1 mois ou plus	
Moutarde	6 à 8 mois	
Œufs en coquille	4 à 5 semaines	
Fruits et légumes	max. 5 jours	1 an
Viande en sauce, plats de pâtes, de riz	max. 2 jours	3 mois
Ragoûts de viande ou de volaille	max. 2 jours	6 mois
Plats aux fèves, pois et lentilles	max. 2 jours	6 mois
Viandes/volailles (cuites)	max. 2 jours	2 - 3 mois
Volailles crue	max. 2 jours	6 mois
Viandes maigres crues	max. 2 jours	10 à 12 mois
Viandes grasses crues	max. 2 jours	8 mois
Poissons maigres crus	max. 2 jours	10 à 12 mois
Poissons gras crus	max. 2 jours	8 mois
Soupes de légumes (sans lait ni crème)		6 mois
Sauces		2 mois
Farce		2 mois

**Vérifiez régulièrement la température de vos appareils :
réfrigérateur : 4 °C / congélateur – 18 °C et au-delà.**

Plus un aliment sera riche en graisse, moins longtemps il se gardera. En conséquence, les légumes se conservent plus longtemps que les viandes et les plats préparés. Pour les surgelés industriels, référez-vous à la date indiquée sur l'emballage et n'oubliez pas d'étiqueter si vous jetez l'emballage.

DANS LA CUISINE

Ils sont indispensables :

- la barre de crédence et ses accessoires
- les tiroirs à compartiments
- la poubelle escamotable
- l'assortiment de boîtes alimentaires pour tout ranger dans les placards et le réfrigérateur
- tout ce qui commence par « porte » et peut vous servir à mieux organiser votre rangement

Ils sont facultatifs, mais bien pratiques (selon votre usage) :

- les dessertes à roulettes
- le petit électroménager (mais seulement si vous vous en servez)
- les dérouleurs de papiers de cuisson, d'aluminium, etc.
- une table pliante pour ajouter un plan de travail si besoin
- un pied de table ajustable : vous adaptez sa hauteur à ce que vous êtes en train de faire (en position table ou plan de travail ou encore planche à repasser)

Vous pouvez vous passer de :

- du 25e ustensile de cuisine comme, par exemple, cette cuillère à séparer les blancs d'œufs des jaunes ; de la vaisselle que vous avez en trop et dont vous ne vous servez jamais ; d'accumuler les réserves dans les placards (si vraiment vous avez peur de manquer, ménagez-vous une zone de stockage dans la cave ou dans l'entrée).

bonnes habitudes pour petits cochons

- ☑ **Ne pas laisser traîner** ses doudous et peluches dans la cuisine
- ☑ **Ranger ses cahiers d'école** aussitôt les devoirs faits (allez savoir pourquoi, jusqu'à 10 ans, les enfants préfèrent la table de la cuisine à leur bureau)
- ☑ **Être actif et présent** au moment de débarrasser la table
- ☑ **Ne pas se cacher dans les placards** ou, pis, dans le réfrigérateur (la cuisine n'est pas une salle de jeux)
- ☑ **Boire de l'eau du robinet** plutôt que des boissons gazeuses (lourdes à porter, encombrantes dans les placards, elles participent largement au déséquilibre alimentaire et au surpoids)

bonnes résolutions

Chasser

- Chasser le superflu sans états d'âme

Ranger

- Ranger de manière rationnelle les ingrédients et les ustensiles de cuisine.
- Faire régulièrement le point sur les dates de péremption des produits

Équiper

- Équiper ses placards d'accessoires et d'étagères amovibles
- Glisser sous les meubles bas et au sommet des meubles hauts des boîtes pour les objets dont vous vous servez rarement

Stocker

- Stocker ses fruits et légumes dans un endroit frais et sec

Nettoyer

- Nettoyer la cuisine quotidiennement

LA CHAMBRE

Une chambre n'est rien d'autre qu'un nid, un cocon apaisant qui veille sur votre sommeil.

ATTENTION !

Garder votre chambre propre, c'est aussi vous assurer une bonne santé. La poussière accumulée est la cause de nombreuses allergies. La température ne doit pas dépasser 19 °C la nuit et vous pouvez même dormir la fenêtre ouverte (à condition, bien sûr, d'avoir une bonne couette !). Placez des humidificateurs sur les radiateurs, l'humidité ambiante facilitera votre respiration.

Tout ce qui peut le troubler doit être évacué ou soigneusement rangé. Car, bien souvent, la chambre fait aussi office de dressing, de buanderie où vous repassez et raccommodez le linge, de bureau d'appoint, voire de salle de jeux pour les enfants.

Ne vous découragez pas avant même d'avoir réfléchi à la question… Il existe des astuces simples et peu coûteuses pour éclaircir votre horizon matinal. Car quoi de plus triste que de se lever au milieu d'un tas de linge froissé ?

évaluation des dégâts

Libre à vous de faire comme si de rien n'était et de dormir dans un innommable fouillis. Il existe pourtant de nombreuses solutions simples pour apporter de la sérénité à votre chambre, lieu de repos par excellence. Et par bonheur, vous ne serez entravé par aucune contrainte : pas de tuyaux, ni d'évacuations, pas de prises de terre ou d'appareils électriques à installer. Un lit, une penderie et un bon éclairage pour lire le soir suffisent.

Le lit

	OUI	NON
Toujours couvert de vêtements et de linge de maison		
Hiver comme été, la couette est la même		
Dépouillé de tête de lit et de rangements		

La penderie

	OUI	NON
Tout y est mélangé		
Toujours trop pleine		
Contient des vêtements chiffonnés		
Pleine de vêtements dont vous ne connaissez plus l'existence		
Sert de stockage pour le linge propre et le linge sale		
Les chaussures sont jetées en vrac dans le fond		

La table de nuit

- Couverte de médicaments
- Sans éclairage
- Occupée par une pile de livres instables

Les murs

- Vides et ternes
- Équipés de portemanteaux vides
- Couverts d'étagères qui ne supportent aucun poids

résultats

Si vous avez une majorité de « oui », il va falloir passer à l'action. Mais comment pouvez-vous négliger autant votre espace ?

Allez, un petit effort, on se sent tellement mieux après avoir pris les bonnes décisions. Sachez dire non aux acariens squatteurs, aux poussières maléfiques, aux toiles d'araignées inesthétiques, aux accumulations disgracieuses de vêtements et de papiers.

Et si vous commenciez par ouvrir la fenêtre et respirer un grand coup ! Puis, sereinement, décidez de ce qui est à jeter, de ce qui peut aller dans une autre pièce, de ce qui doit rester mais correctement rangé.

Gagner de la place

À votre avis, qu'est-ce qui tient le plus de place dans une chambre ?

Vos rêves ? Votre garde-robe ? Vos livres ? Vous-même ? Non, bien sûr. Ce qui dévore votre espace, c'est votre lit ! Et bien évidemment, pas question de s'en passer… Il ne vous reste plus qu'à exploiter ce qui se trouve en dessous !

Pour y caser des casiers

Hormis pour un lit d'appoint, n'investissez pas dans les banquettes Clic-Clac ou les canapés-lits, réservés au salon. Votre lit, certes, est encombrant, mais vous assure le repos du guerrier. Pensez plutôt à la manière dont vous pouvez exploiter l'espace laissé libre en dessous. Vous trouverez dans toutes les grandes surfaces des casiers à roulettes, pratiques et légers, que vous glisserez dessous. Placez-y les affaires dont vous vous servez rarement, les vêtements hors saison et ce qui est encombrant (couettes, couvertures, draps, pulls épais, etc.). Avant de les acheter, mesurez soigneusement la distance entre les pieds. Car si les casiers ne rentrent pas, vous seriez dans l'obligation de les enjamber ! Mesurez également la distance laissée libre entre le bord du lit et le mur (ou la penderie), car les casiers devront s'ouvrir et se refermer sans que vous soyez gêné.

S'offrir un lit malin

Certains fabricants intègrent à leurs montants de lit des tiroirs coulissants. C'est parfait, si et seulement si les tiroirs coulissent sans effort, s'ouvrent complètement et sont équipés de roulettes qui ne raient pas le parquet ou glissent sur la moquette. Plus coûteux et plus sophistiqué, le lit monté sur vérins dont le sommier se soulève pour accéder à un vaste coffre de rangement. Les bricoleurs pourront concevoir un lit surélevé, où se répartiront rangements et tiroirs. Les grandes enseignes de bricolage proposent toutes des fiches techniques et des exemples relativement faciles à monter.

Le conseil de Béatrice et Danièle

Ne vous laissez pas marcher sur les pieds… par vos chaussures !
Elles devront être bien rangées, dans le bas de l'armoire ou dans un placard de l'entrée (au moins celles dont vous vous servez pour la saison). Jetées en vrac dans la penderie, elles peuvent tacher le bas de vos vêtements. De toute façon, le mieux est de les isoler dans un placard à chaussures (que vous nettoierez souvent) ou de les ranger par paire dans une boîte. Vérifiez régulièrement l'état de la semelle.

Faire la tête

Négligée, la tête de lit pourrait pourtant vous sauver du désordre. Elle peut en effet être équipée d'étagères ou de placards, pour peu, bien sûr, qu'ils soient placés à une hauteur suffisante, sinon, gare aux bosses ! Mais imaginez un peu, ce mur perdu qui devient utile et source de rangement, ça vaut la peine d'y penser, non ? Plus modestes, les têtes de lit qui permettent de ranger quelques livres et de vous éclairer n'en sont pas moins utiles et vous libèrent d'une table de nuit. À vous de choisir.

Petit, mais costaud !

Une chambre est vite encombrée par le petit mobilier hérité de nos grands-mères : tables de nuit et coiffeuse y ont la vedette. Mais regardez-les bien… vraiment, vous ne voyez rien ? De grandes pattes d'échalas et un tiroir riquiqui ne facilitent pas le rangement ! Confiez-les aux bons soins d'Emmaüs, d'un brocanteur ou remisez-les dans votre cave et remplacez-les par des caissons à tiroirs (que vous recouvrirez d'un plateau si vous avez besoin d'une coiffeuse) ou par tout autre meuble plus malin, capable d'accueillir au minimum vos accessoires, vos cosmétiques, votre lingerie ou l'objet qui serait inévitablement noyé dans la penderie.

Une armoire efficace

Première règle : la penderie doit tenir debout ! Une lapalissade, avez-vous envie de répliquer ! Eh bien non, suivant la qualité des matériaux et des huisseries qui la maintiennent, elle peut très bien un jour ou l'autre ressembler sans équivoque à la tour de Pise ! Non seulement c'est désagréable à l'œil mais, en outre, c'est dan-

gereux. Une porte peut se décrocher et l'ensemble, se renverser. Ne lésinez pas sur la qualité, le meuble durera plus longtemps.
Elle doit, pour optimiser votre rangement, contenir au minimum :

- une penderie dont la barre de tringle se situe à une hauteur de 1,20 m pour les vestes, pantalons et chemises ; de 1,60 m pour les manteaux et les robes
- une étagère haute et suffisamment épaisse pour recevoir une lourde charge (équipements d'hiver, couettes, etc.)
- une colonne d'étagères sur crémaillère : vous pourrez ainsi adapter la hauteur entre deux étagères en fonction du contenu. Elle sera optimisée par un ou deux tiroirs.

Votre royaume en boîtes

Vous avez le minimum, voyons maintenant comment l'améliorer. Le premier des accessoires dont vous aurez besoin, qui ne coûte pas cher et a prouvé son efficacité : la toute bête boîte à chaussures ! Vous pourrez y ranger toutes sortes de falbalas, d'accessoires, de lingerie et même des chaussures… N'oubliez pas d'indiquer précisément sur la boîte ce qu'elle contient ! Le principe vaut pour toutes les boîtes, transparentes ou non, que vous utiliserez. Vous les choisirez en plastique ou en carton fort et veillerez à ce que leur couvercle soit suffisamment solide pour supporter le poids d'autres boîtes. Si vous avez pris les bonnes mesures, elles se glisseront sur et sous l'armoire, s'empileront dans un coin dégagé de la chambre (dans ce cas, elles doivent être assorties à la décoration).

LES CONSEILS DE BÉATRICE ET DANIÈLE

Si l'espace entre les portes de l'armoire et des étagères est suffisant, équipez l'intérieur des portes de barres ou de crochets pour y suspendre écharpes, foulards, cravates ou colliers.
Dans les tiroirs, installez des compartiments (des bandes de carton fort découpées à la bonne taille peuvent suffire), pour séparer les culottes des chaussettes, par exemple.

Ranger ses vêtements

(et ceux de ses enfants)

L'épineux problème du rangement des vêtements va bientôt être réglé !

Un peu de lecture, beaucoup de rigueur, un soupçon d'invention, et vous voilà prêt à entamer une nouvelle vie. Une vie où linge propre et linge sale ne seront plus mélangés, où il ne vous manquera plus un bouton sur le tailleur que vous adorez, où vos foulards de soie ne seront plus froissés, où le matin ne sera plus chagriné par la sempiternelle question : mais que vais-je mettre ?

La liste (on y revient)

Commencez par dresser la liste de tout ce que contiennent les placards. Pour chacun des membres de la famille, comptabilisez le nombre de pantalons, de pulls, de tee-shirts, de sous-vêtements, de chaussettes. Éliminez ce qui est trop petit, trop usé, taché ou irréparable. Vous aurez ainsi une idée plus précise de vos acquis et de vos besoins.

Si vous avez des enfants, vérifiez les tailles en leur présence. Inutile de garder une grenouillère trop petite si un cadet ne peut en profiter.

Tirez-en les bonnes conclusions

Vous vous apercevrez sans doute que :

- **beaucoup de choses étaient tombées dans les oubliettes.** Celles-ci doivent être données ou échangées si elles sont en bon état ou encore vendues dans les dépôts-ventes (nettoyées et repassées, bien entendu).
- **quelques autres ont été délaissées** parce qu'il manquait un bouton, qu'un ourlet était défait ou qu'une tache les rendait inutilisables. Mettez-les de côté et prévoyez un planning pour leur réparation et leur nettoyage.
- **votre dernière folie vestimentaire vous a coûté si cher** que vous n'osez pas la mettre ou que vous n'avez pas acheté le complément assorti. Résultat, vous stockez un pantalon magnifique juste pour satisfaire votre envie ! Si vous l'avez acheté, c'est pour le mettre et s'il lui manque le chemisier, achetez-le. Sinon, revendez.
- **vous accumulez différents styles,** ce qui vous oblige à multiplier les achats. Mieux vaut vous décider pour deux ou trois styles, dont un passe-partout, et vous y tenir.

LES ASTUCES DE BÉATRICE ET DANIÈLE

Si la penderie est large et que vous manquez d'étagères, il existe des casiers à suspendre sur la tringle. Les housses mettent les vêtements à l'abri, les préservent de la poussière et des mites.
Autre bon conseil : quand vous achetez un vêtement, sortez-en un de votre penderie (donnez-le, vendez-le ou jetez-le).

Pour vous en sortir, assortissez

Rassurez-vous, rien n'est perdu. Normalement, un tiers au moins de votre garde-robe a disparu. Les placards respirent mieux. Pour achever l'ouvrage, assortissez vos vêtements par couleurs en partant d'une base neutre : jean, gris, noir ou blanc s'accordent avec les couleurs chaudes et vives, les unis avec les motifs, les matières naturelles ou synthétiques ne se mélangent pas. Vous devriez vous retrouver ainsi avec plusieurs tenues toutes prêtes. Si vous voyez des manques, notez-les pour les prochaines soldes. Complétez le tout avec vos accessoires.

Les astuces d'un bon rangement

Ne surchargez pas la penderie ou bien les vêtements se froisseront. Pour être préservés, ils ne doivent pas être compressés, mais pendre dans le vide. Jetez les cintres de métal des pressings, ils déforment les vêtements. Investissez dans des cintres larges, en bois et conçus pour recevoir les passants de vêtements (encoche ou bande antidérapante), des porte-pantalons à pince et des cintres mixtes pour les tailleurs et les complets.

Ne surchargez pas les tiroirs qui ne se fermeront plus et compartimentez-les (voir plus haut). Pliez les pulls qui iront sur les étagères dans le sens de la largeur. Vous devez laisser suffisamment d'espace entre deux empilements pour soulever la pile et la remettre sans difficulté. Conservez les rouleaux de carton (papier absorbant, d'aluminium, etc.), vous enroulerez vos foulards autour, ils ne seront plus froissés. Vous pouvez faire de même avec les tee-shirts, jupes, etc.

Mettez vos vêtements à l'abri de l'humidité en aérant régulièrement votre armoire.

La garde-robe des petits

Un seul mot d'ordre : rangez par taille ! Une boîte pour les vêtements jusqu'à 1 an, une autre pour 2 ans, etc., et tant pis si vous avez l'impression d'en avoir beaucoup ! Choisissez des boîtes qui s'empilent et vous verrez, ce n'est pas si sorcier. Le grand avantage est que vous saurez toujours où vous en êtes et que vous pouvez éliminer sans avoir à tester toute la garde-robe de vos enfants. Faites le point tous les trois mois, ça grandit si vite, ces petits-là, que vous risquez de ne jamais leur mettre les vêtements que vous avez achetés amoureusement.

Hors saison, on les cache !

Stockez à l'abri de la poussière et de la lumière les vêtements hors saison. Faites le tri avant de les ranger. N'hésitez pas à regrouper les vêtements d'hiver de toute la famille dans une housse large dans laquelle vous aurez glissé un morceau de cèdre, que vous poncerez régulièrement. Dans ce rangement compact, ils prendront moins de place. Rappelez-vous : il existe des housses sous vide qui feront considérablement diminuer l'encombrement des duvets, couettes, couvertures et autres protections polaires !

LE CONSEIL DE BÉATRICE ET DANIÈLE

Déhoussez !

Quand on revient du pressing avec, sur le bras, un vêtement propre et bien emballé, on le glisse spontanément dans l'armoire. Erreur ! Ces housses en plastique empêchent les vêtements de respirer et condensent les solvants du nettoyage à sec. Jetez-les et protégez le vêtement avec une housse de tissu ou de plastique aéré.

Le linge de maison

Idéalement, le linge de maison (draps, housses, serviettes) doit être rangé dans un placard séparé. Mais si vous manquez de place, consacrez-lui dans l'armoire un espace bien délimité. N'entreposez que du linge propre, et rien d'autre ! Rassemblez les parures de lit au complet (taies d'oreiller, drap-housse, housse de couette, drap de dessus), réservez une étagère par taille (une ou deux places) que vous distinguerez avec une étiquette ou fixez-la avec une épingle de nourrice directement sur le drap. Cela vous évitera bien des manipulations quand vous referez les lits. Quand vous rangez du linge fraîchement lavé, placez-le sous la pile déjà stockée dans le placard, sinon, il y a fort à parier que les serviettes ou les draps placés dessous ne serviront jamais.

Une centrale de repassage dans sa chambre

Votre salle de bains est minuscule et vous ne savez pas où mettre le linge propre à repasser. Si vous pouvez stocker planche à repasser, fer, humidificateur et panier ailleurs que dans votre chambre, c'est tant mieux. Sinon, suspendez la planche à la façade intérieure de la penderie et réservez un espace pour le panier (jamais de linge sale, que du linge propre !) et le fer à repasser. Il existe aujourd'hui des planches coulissantes ou basculantes qui s'intègrent dans un meuble à la place d'un tiroir. Au moment du repassage, ne faites pas de piles et ne rangez pas vos vêtements tant que l'humidité ne s'est pas évaporée. Pour plier et ranger le linge plus confortablement, vous pouvez vous servir d'une console à roulettes qui enjambe votre lit. Pratique et so chic !

DANS LA CHAMBRE

Ils sont indispensables :

- des casiers sous le lit ou un lit à tiroir
- une bonne armoire comprenant étagères et penderie
- des housses de protection aérées
- un assortiment de boîtes de différentes tailles

Ils sont facultatifs, mais bien pratiques (selon vos besoins) :

- une console à roulettes faisant office de table de nuit ou de plateau pour plier le linge
- des caissons à roulettes en lieu et place des tables de nuit
- les accessoires malins : barres, crochets, rangements à suspendre
- un miroir pour agrandir la pièce et lui donner de la lumière (et aussi pour vous y contempler !)

Vous pouvez vous passer de :

- vêtements achetés sans discernement, de chaussettes trouées, de sous-vêtements aux élastiques défaillants, de la robe de votre grand-mère (ou alors, mettez-la en scène sur un mur de votre chambre !)
- de la si jolie petite commode à la capacité discutable et dont les tiroirs coulissent mal.

bonnes habitudes pour petits cochons

☑ **Ranger ses dessins** dans une grande boîte et la glisser sous le lit

☑ **Ranger ses jouets dans des casiers superposables** et transparents (comme ça, on sait tout de suite ce qu'il y a dedans). Chaque casier doit contenir un type de jouets : Lego, peluches, lettres aimantées, crayons, etc.

☑ **Mettre à part tout ce qui est cassé, déchiré, abîmé.** Réparer avec un parent ce qui peut l'être, sinon jeter (sans en faire tout une histoire !)

☑ **Faire son lit le matin** avant de partir à l'école et ranger sa chambre le soir. Déposer son linge sale dans le panier (de linge sale !)

☑ **Si l'on emprunte souvent,** préparer une caisse pour y stocker ce que l'on doit rendre

bonnes résolutions

ne pas renoncer à

✗ aérer et faire son lit chaque matin

✗ ranger chaque soir

✗ préparer ses vêtements pour le lendemain

renoncer à

✗ acheter tout et n'importe quoi

✗ faire son repassage à 23 heures

✗ ranger ses vêtements n'importe comment

mesurer précisément

✗ la surface de la pièce et la hauteur entre sol et plafond avant d'acheter son armoire

✗ la longueur de notre plus long manteau (pour fixer la hauteur de la barre de penderie)

✗ la hauteur entre deux étagères

✗ la hauteur entre le sol et le fond de l'armoire, la hauteur entre le sommet de l'armoire et le plafond (pour y glisser des casiers, paniers ou cartons)

planifier

✗ les changements et l'installation de nouveaux rangements

✗ la fréquence des lessives et du repassage

✗ les grands ménages

LE SALON ET LA SALLE À MANGER

Cette pièce en contient plusieurs ! Salon de repos, certes, et bien souvent salle de jeux, salle de cinéma, pôle multimédia, atelier de couture ou de tout autre hobby, bibliothèque, salle de gym…

Ouf ! Comment résister au désordre qui s'accumule dans cette pièce où l'on fait tout et qui doit rester propre en permanence pour accueillir ses amis ? Une gageure. Pour dégager le terrain, une seule solution : ranger ! Mais pas n'importe comment… Et, pour y parvenir, vous devrez peut-être revoir le mobilier.

évaluation des dégâts

Quel membre de votre famille s'est montré suffisamment futé pour retrouver, en moins de trois minutes, le DVD qu'il souhaitait regarder ? Avez-vous un souvenir précis de la dernière fois où le salon a été rangé et nettoyé en profondeur ? Cela vous semble impossible, n'est-ce pas… Trop d'accumulations dans cette pièce à tout faire. Commencez, comme toujours, par faire l'inventaire de ce qu'elle contient.

Sur les murs

	OUI	NON
Ils sont occupés d'étagères instables et débordantes		
Ils sont vides faute de meubles et de tableaux		

Dans la bibliothèque

	OUI	NON
Tout est en vrac, d'ailleurs personne ne lit plus !		
Les livres mal rangés s'abîment		
Le dernier goûter des enfants y sèche tranquillement		

Le canapé

	OUI	NON
Large et profond, il tient une place phénoménale		
Convertible, il offre un couchage médiocre		
Le tissu ne se lave pas		

Autour du canapé

- La table basse est cassée ou inexistante
- Les journaux s'amoncellent à ses pieds
- Les télécommandes glissent sous les coussins

Le multimédia

- Consoles, écran, manettes et câbles encombrent tout l'espace
- CD et DVD servent accessoirement de Frisbee
- L'écran de la télévision est la star de cette pièce

La table de séjour

- Table et chaises prennent trop de place
- La débarrasser demande d'incessants allers-retours
- La plier ou la déplier est un casse-tête

résultats

Si vous avez une majorité de « oui » : reprenez tout à zéro.

• Sur les murs : des étagères stables et en nombre suffisant que vous alternerez pour reposer l'œil avec des espaces dédiés aux images et tableaux que vous aimez.

• Le canapé et les fauteuils ne doivent pas occuper trop de place. S'ils gênent les déplacements, c'est que vous avez vu trop grand ! À la première occasion, échangez-les pour des meubles plus petits.

• Autour du canapé, vous devez avoir sous la main ce dont vous avez besoin. Une table basse à deux plateaux vous permet de stocker magazines et télécommandes ou les travaux d'aiguilles.

• Le multimédia tient une place toujours plus importante dans le salon. Prévoyez des rangements spécifiques pour chacun, cela évitera l'encombrement et les accidents.

• Table et chaises prendront moins de place si vous optez pour un style moderne de mobilier. Essayez autant que possible de les placer à l'entrée de la pièce à proximité de la cuisine.

Gagner de la place

Vous vous demandez sans doute comment faire du salon ce lieu rêvé des retrouvailles et des passions familiales. Rassurez-vous, les solutions gain de place sont simples et efficaces car, dans cette pièce, hormis l'emplacement des prises électriques, vous aurez peu de contraintes techniques.

Une bibliothèque à tout faire

La solution la plus pratique, la plus efficace et la plus souple pour venir à bout de votre quête de rangements est d'installer sur un pan de mur entier un meuble comprenant des étagères, des tiroirs, des placards fermés et un espace pour la télévision. Facile à trouver dans n'importe quelle grande surface de meubles en kit, la bibliothèque à tout faire existe dans toutes les finitions et toutes les couleurs. Elle est en général composée d'un module standard qu'on équipe d'accessoires (tiroirs, portes de placard, étagères, casiers à DVD, etc.).

Des plans de rangement

À partir de modules de base, vous pouvez composer un meuble sur mesure. Mais, avant de vous saisir de votre crayon et de votre papier quadrillé, pensez à faire le tri de vos possessions. Des livres qu'on ne relira jamais, des magazines obsolètes, des bibelots démodés, des CD et DVD détériorés… Cherchez bien et faites le vide (voir notre premier tome) ! Ça y est, vous êtes prêt ? Mesurez approximativement le volume de vos livres, CD et DVD et équipements divers (ajoutez-y une marge pour l'avenir)… Ce volume vous aidera à déterminer si vous avez besoin de plus de casiers à DVD que d'étagères pour les livres, d'un placard pour ranger la boîte à couture ou d'une vitrine pour exposer de beaux objets…

Vivre avec son temps

Entre la télévision, la chaîne hi-fi, la console de jeux, le magnétoscope et le lecteur DVD, le XXIe siècle est décidément très présent dans notre salon. Doivent-ils pour autant y faire la loi ? C'est à vous de juger. Si l'écran

LE CONSEIL DE BÉATRICE ET DANIÈLE

Et encore des boîtes !
Si vous comptez sur l'esprit de coopération des membres de votre famille pour que le salon soit toujours agréable à vivre, mettez à leur disposition des boîtes dans lesquelles ils glisseront leurs affaires personnelles. Et tenez bon, une boîte et rien de plus ! Le reste doit retourner d'où il vient. De même taille et dans une matière solide (carton fort, plastique, osier, etc.), elles pourront occuper les casiers ou le sommet de la bibliothèque, le dessous de la table basse. Si elles sont munies de couvercles résistants, elles serviront aussi de tables d'appoint.

éteint de la télévision est pour vous comme un point noir dans votre décoration, cachez-le entre deux rangs d'étagères fermées par des portes coulissantes. Vous veillerez seulement à ce que l'arrière du meuble soit ouvert et permette une bonne ventilation.

Le clan des petits futés

Vous préférez les petits meubles aux ensembles massifs ? Pourquoi pas, mais alors votre tri doit être plus sévère encore et votre mobilier, plein de ressources. Vous trouverez facilement une banquette ou un pouf muni d'un coffre, une commode à petits compartiments, une desserte roulante, des étagères à CD ou DVD, des tables gigognes et une table basse convertible en table haute. Ce patchwork aura l'inconvénient de créer un certain fouillis, mais le considérable avantage de personnaliser votre salon.

Regardez dans les coins

Une pièce, c'est bien connu, est constituée de quatre coins ! À moins que vos bambins n'y soient régulièrement consignés, exploitez cette surface perdue. Ils font preuve d'une grande capacité d'adaptation : étagères, porte-revues, meubles d'angle (bureau, atelier de couture, vaisselier) s'y nichent sans problème.

Levez les yeux au ciel

Regardez bien autour de vous, il y a sûrement un pan de mur que vous n'avez pas exploité à fond… Par exemple, au-dessus des portes d'entrée ou l'embrasure d'une porte condamnée. Allez-y, cherchez encore… Pour peu que vous sachiez tenir une perceuse et visser une cheville, rien n'est inaccessible à qui veut ranger !

Assis ou couché ?

Voilà bien la question ! Rares sont en effet les canapés convertibles qui offrent un bon confort dans les deux positions. Si vous avez besoin d'un couchage d'appoint dans la maison, qui ne fasse pas fuir la princesse au petit pois ni votre grand-mère qui n'a rien d'un fakir, prenez votre temps pour choisir… et consacrez-y un budget conséquent ! Le tissu doit être lavable, la mousse, d'une densité suffisante (au minimum 35 kg/m^3), et le système de couchage, facile d'utilisation. Certains vous permettent même un couchage quotidien, si vous avez besoin de libérer votre chambre.

Ne voyez pas trop grand

Canapé et table de salle à manger sont parmi les grands dévoreurs d'espace. Il existe des canapés compacts ou des poufs très confortables que l'on réunit à l'aide de bandes Velcro. Pour gagner sur la longueur, choisissez des accoudoirs minces.

La table doit permettre à chacun de manger sans se trouver au coude-à-coude avec son voisin. Toutefois, si vous ne conviez de grandes tablées qu'en de rares occasions et que vous mangez chacun dans votre coin, choisissez alors une table et des chaises qui se replient ! Le gain de place consiste d'abord à se montrer souple et entreprenant en fonction de son mode de vie.

Le conseil de Béatrice et Danièle

Le puzzle des familles recomposées

Quand deux familles s'apprêtent à vivre ensemble dans une nouvelle maison, chacun doit s'y sentir chez soi et le salon, lieu de tous les rendez-vous, peut être celui de tous les conflits. Un seul mot d'ordre : évitez d'y stocker les objets en double (jouets et jeux vidéo, par exemple). Mais, dans ce cas, qui laissera sa console dans le salon et sera disposé à la prêter à l'autre enfant ?

Deux solutions : soit chacun garde sa console dans sa chambre et ne l'apporte que pour jouer, soit un tour de rôle est instauré.

Vous dansiez ? Eh bien, rangez maintenant !

Un certain Jean de La Fontaine prétendait que la cigale ne finirait pas l'hiver, faute de craquantes réserves à se mettre sous la dent ! De nos jours, ce serait plutôt les cigales qui auraient le dernier mot, car nous avons tant accumulé dans nos salons que l'air y devient parfois irrespirable ! Alors, pas de remords, triez !

Livres, DVD, CD

Sont-ils si précieux, ces romans policiers dont vous connaissez le dénouement, ce livre de cuisine si ancien qu'il vous donne la recette des ortolans, votre manuel scolaire de chimie (discipline oubliée depuis la terminale) ? Pourquoi ne pas en faire profiter une association, une bibliothèque, une école ? Vous ne conserverez que les ouvrages de référence comme les encyclopédies ou les dictionnaires et les grands classiques de la littérature. Classez-les par auteur et par genre, ou par ordre alphabétique si vous le souhaitez, mais pensez à laisser à portée de main un bon vieux dictionnaire et, sur des étagères basses, les livres des enfants. Pour découvrir les nouveautés, empruntez aux bibliothèques publiques ou à vos amis. Faites de même avec les DVD et les CD, montrez-vous impitoyable et vous gagnerez de la place.

Allez, hop, au boulot !

Rien à faire, il y a toujours un dossier à régler avant demain matin, votre banque est en ligne et vos factures s'accumulent. Bref, vous avez besoin d'un petit coin bien net et bien rangé où entreposer vos papiers. Il se case partout (dans une entrée, un couloir, une chambre), mais plus souvent dans le salon. Si c'est le cas, serrez les rangs ! Installez-le dans un coin de la pièce, entre deux fenêtres ou tout autre endroit qui n'aurait pas de fonction évidente (pas au milieu du tapis, bien évidemment !). Il peut se cacher dans un meuble à coulisse, se replier comme une table rabattable, peu importe. Ce qu'il vous faut en complément, c'est un système de rangement approprié où vous pourrez stocker vos classeurs et vos boîtes d'archives (étagères, caissons à roulettes, meuble bas).

LE CONSEIL DE BÉATRICE ET DANIÈLE

Fini le temps où vous éteigniez la lumière en sortant ! Aujourd'hui, c'est pleins feux dans toute la maison, même les appareils ont des veilleuses ! Pensez à mettre les appareils hors-tension. Contrôlez vos factures d'électricité et faites du bien à la planète en consommant moins : pour prendre le pli, posez une tirelire à proximité des interrupteurs, celui ou celle qui omettra d'éteindre la lumière devra y déposer son obole !

Assurez-vous cependant que vous disposez à proximité de prises électriques et d'une prise pour votre connexion Internet, faute de quoi vous serez condamné à vous prendre les pieds dans les fils !

Une petite place pour vos hobbies

Tout dépend de votre passion, il est certain qu'un grand chevalet prendra plus de place qu'un ouvrage au point de croix. Quoique… Ce qui compte en la matière est la clarté ! Que vous ayez tout sous la main, prêt à être utilisé, facile à ranger… Un panier peut suffire à contenir vos petits effets mais, amoureux de la peinture, de la mosaïque ou du scrapbooking, pariez sur les panneaux muraux sur lesquels vous suspendrez pots de crayons, esquisses, étagères. Tout sous la main, tout sous les yeux, que demander de plus ? Si votre hobby vous oblige à stocker de tout petits objets (perles, boutons, carreaux de mosaïque, etc.), recyclez un casier à tiroirs qui sert ordinairement pour les clous et les vis. Il ne coûte rien et permet de tout voir en un clin d'œil.

Souvenirs, souvenirs…

Photos, cartes de vœux, faire-part, souvenirs et objets accumulés au fil des années, toutes ces petites choses tiennent une place conséquente dans nos placards. Si vous ne souhaitez pas vous en débarrasser, encore une fois, il vous faudra trier. Et ce tri est peut-être le plus difficile de tous… Comment ne pas succomber à la mine réjouie du petit dernier sur un cheval de manège ou ces deux tickets de cinéma, symboles de votre première sortie en amoureux ? Les plus créatifs d'entre nous pratiquent un art nommé le scrapbooking qui consiste à exposer joliment ces souvenirs dans un album. Si cet exercice ne vous tente pas, prenez la peine de ranger soigneusement le tout dans des boîtes, et gardez seulement les photos les plus réussies (inscrivez au dos la date et le lieu).

Classez vos papiers

Ne jetez pas en vrac votre courrier. Il s'accumule et le tri devient vite fastidieux. Gardez à portée de mains un classeur dans lequel vous glisserez le courrier en instance par thématique : voiture, maison, banque, factures à régler, santé, impôts et courrier personnel.
Une fois par semaine, vérifiez que vous n'avez pas de factures en instance ou de courrier urgent.
Pour les stocker sur le long terme, prévoyez des boîtes d'archives étiquetées, elles porteront les mêmes rubriques que votre classeur (voiture, maison, banque, factures à régler, santé, impôts et courrier personnel). Ceci vous évitera de trier deux fois !

LE CONSEIL DE BÉATRICE ET DANIÈLE

Le tri des papiers de la famille

Ne rien garder serait une erreur, tout conserver, un ennui inutile… car vous pouvez régulièrement faire le tri de vos papiers.

Durée de conservation :

• 1 an : factures de téléphone et de ramonage
• 2 ans : quittances d'assurances, factures d'achat de meubles, électroménager et voiture, justificatifs de paiement des Allocations familiales
• 4 ans : déclarations d'impôts et redevances diverses
• 5 ans : factures des fournisseurs d'énergie et d'eau, quittances de loyer, bail de votre ancien logement, justificatifs de paiement de la Sécurité sociale
• 10 ans : contrats bancaires après la clôture du compte, relevés de comptes, devis et factures de travaux (garantie décennale)
• toute la vie : tout ce qui concerne votre santé, bulletins de salaire, indemnités journalières d'Assedic ou de Sécurité sociale le cas échéant, tous les jugements, décrets ou actes concernant votre famille

bonnes habitudes pour petits cochons

- ☑ **Ne pas laisser traîner partout son doudou,** ses jouets, ses livres et cahiers…
- ☑ **Bien ranger son bureau** pour bien y travailler
- ☑ **Ne partir du salon qu'après avoir rangé** ce que l'on a utilisé
- ☑ **Poser à tout moment cette question fondamentale à ses parents :** est-ce que je peux faire quelque chose pour t'aider ?

bonnes résolutions

ne pas renoncer à

- ranger régulièrement
- trouver un meuble plus adapté à votre mode de vie
- glaner toutes les astuces qui vous feront gagner de la place

renoncer à

- avoir un espace zen et beaucoup d'affaires (il faudra choisir)
- repousser les murs (faites avec la place dont vous disposez)
- avoir en permanence un ordre parfait dans le salon

militer pour

- que chacun s'occupe du bien de tous
- que chacun fasse le tri dans ses propres affaires
- que la maison soit abonnée aux services de téléchargement de films et musiques (cela vous évitera, en toute légalité, de stocker des cassettes et des DVD)

L'ENTRÉE ET LES LIEUX DE PASSAGE

Le désordre y règne en maître parce que, bien souvent, l'entrée et les lieux de passage sont mal équipés, voire négligés…

Et pourtant, ces pièces sont les pivots du bon fonctionnement de votre maison. On doit pouvoir ranger dans l'entrée tout ce que nous avons sur le dos pour sortir (manteaux, écharpes, gants, parapluies, chaussures, etc.). C'est une question de bon sens et d'hygiène.

Sachez qu'en gardant vos chaussures vous faites entrer la saleté des trottoirs ou la boue des chemins dans la maison qui, naturellement, se salit plus vite et devient une vraie pouponnière à microbes !

Gagner de la place

Petits ou grands, donnant sur de nombreuses portes ou de longs murs aveugles, sombres et mal organisés, les entrées et les couloirs sont un casse-tête pour qui veut maintenir un certain ordre dans la maison. C'est que bien souvent, on oublie de les équiper ! Certes, ce n'est pas facile, mais avec un peu de réflexion, c'est un jeu d'enfant.

Une entrée bien équipée

Vous devez y trouver au minimum : un portemanteau (avec une patère pour chaque membre de la famille), un vide-poches, des tiroirs ou paniers pour les accessoires et un rangement pour les chaussures. Ces meubles doivent être pratiques, solides et se nettoyer facilement. À moins que vous n'aimiez vous contorsionner, disposez-les de manière à ce qu'ils ne gênent pas vos mouvements. Vous pourrez ranger dans des boîtes, sur des étagères en hauteur, les affaires hors saison.

Les couloirs

Vous le trouvez étroit et mal éclairé ? Vous pensez qu'il ne sert à rien d'autre qu'à distribuer les pièces de la maison ? Et pourtant, même de taille lilliputienne, il peut se rendre utile. Il vous suffit de constater que vous ne levez jamais la tête dans un couloir et qu'il y a beaucoup d'espace perdu… au plafond. Plutôt que le laisser aux araignées, équipez-le d'étagères (placées évidemment à une hauteur où vous ne risquez pas de vous blesser) ou d'un faux plafond assez solide pour recevoir les objets encombrants et légers, comme par exemple les valises et les affaires de camping.

Les escaliers

Sous les escaliers droits, vous pourrez sans problème installer des rangements coulissants (il en existe de tout prêts dans les grandes surfaces), une petite buanderie, une bibliothèque, un atelier ou une table d'appoint, selon vos besoins. L'essentiel est d'occuper cet espace !

Les marches sont parfois équipées de tiroirs latéraux ou de façade, mais cet ouvrage est plutôt réservé à des

LE CONSEIL DE BÉATRICE ET DANIÈLE

Quelquefois, l'escalier se trouve au milieu du salon… Il vous encombre, vous vous y cognez et l'espace qui se trouve en dessous est rigoureusement inutile. Installez un plateau de table à rabattre contre la pente de l'escalier, vous gagnerez ainsi une table pour les grands repas, pour la couture ou tout autre loisir momentané.

menuisiers professionnels. Le mur qui longe la descente d'escalier peut aussi être équipé d'étagères étroites (elles ne doivent pas gêner la circulation) ou de niches, c'est beau et c'est une formidable ressource de gain de place. Il en est de même pour le garde-corps qui protège éventuellement l'accès des escaliers à l'étage.

Affichez et vous rangerez !

Non décidément, ce couloir trop étroit ne vous permet aucun rangement ! Ce n'est pas une raison pour ne pas s'en occuper ! Habillez-le de pêle-mêle de photos, de cadres dans lesquels vous aurez glissé les dessins de vos enfants, un tissu que vous aimez, bref tout ce qui peut se sortir de vos placards et se suspendre (c'est toujours ça de gagné…) ! Vous pouvez encore l'équiper d'un tableau noir qui vous servira de pense-bête…

De la cave au grenier

Après vous être assurés que ces lieux sont sains et convenablement ventilés, équipez-les d'étagères de métal que vous trouverez dans les grandes surfaces de bricolage. L'efficacité prime sur l'esthétique et les bricoleurs en connaissent un rayon sur la question ! Ce n'est pas cher mais très efficace, adaptable à tous les besoins. Vous pourrez y entreposer vos archives, vos vêtements hors saison, votre matériel de bricolage, vos vélos et vos réserves de nourriture (mais surtout rien de périssable).

LE CONSEIL DE BÉATRICE ET DANIÈLE

Le foyer de la cheminée

Si vous avez une cheminée et que vous ne vous en servez plus, pourquoi la conserver ? Vous pouvez reconvertir son foyer en espace de rangement ou supprimer le manteau (les brocanteurs en sont friands) et gagner ainsi un espace supplémentaire pour un placard, une table, etc.

bonnes habitudes pour petits cochons

☑ **Bien essuyer ses semelles sur le paillasson :** ça n'a l'air de rien, mais c'est essentiel pour ne pas entraîner dans la maison tout ce que vos semelles ont ramassé dehors…

☑ **Enlever ses chaussures et mettre ses chaussons.** C'est un début, mais il faut persévérer : suspendre son manteau, ranger ses gants et écharpe ou ses affaires de sport (le jogging ou le maillot iront directement dans le panier de linge sale).

☑ **Se laver les mains :** exercice familier, n'est-ce pas ? Indispensable en tout cas quand on a passé l'après-midi à jouer au ballon, la journée à l'école ou dans les magasins.

bonnes résolutions

adopter

✗ une attitude pragmatique et faire la liste des équipements nécessaires à l'entrée de la maison

répertorier

✗ tous les recoins, plafonds et hauts des murs perdus, et se préparer à les équiper

demander

✗ à chacun de conserver l'ordre de ces lieux de passage, qui sont tout sauf des lieux de brassage !

enlever

✗ tout objet qui, au sol, pourrait provoquer une mauvaise chute, surtout dans l'escalier

LE CONSEIL DE BÉATRICE ET DANIÈLE

Attention à la marche !

Les marches d'escalier sont parfois glissantes. Pour éviter la chute, appliquez sur le nez des marches un revêtement (soigneusement fixé) ou une finition (vernis) antidérapants.

TECHNICIENNES DE

SURFACE

TECHNICIENNES DE SURFACE

Quand on vous disait que gagner de la place, ce n'était pas si compliqué !

Mais il n'empêche, votre maison a besoin d'être entretenue, même bien rangée ! Comme il y a autant de solutions que de façons de faire, autant de trucs qui ont fait leurs preuves que de grands-mères dans votre arbre généalogique… nous vous proposons une suite à notre grand bric-à-brac du premier tome.

Vous y trouverez toutes les astuces pour nettoyer, embellir, détacher ou réparer tout ce que contient une maison, du sol au plafond. Bonne pioche !

Quelques précautions d'usage

Quand vous nettoyez votre maison, vous manipulez des produits qui peuvent se révéler particulièrement agressifs pour les yeux et la peau.

N'oubliez pas de vous protéger : portez une blouse, des lunettes, des chaussures et des gants de caoutchouc systématiquement.
Méfiez-vous des produits agressifs comme l'ammoniaque ou le white-spirit… qui provoquent des brûlures. Le vinaigre blanc, sous ses airs inoffensifs, peut causer des irritations s'il est en contact avec les yeux.
En cas de projections sur la peau, rincez abondamment jusqu'à disparition de la sensation de brûlure (au minimum dix minutes). Recouvrez la blessure d'un pansement stérile ou d'un film plastique propre et rendez-vous chez votre pharmacien ou votre médecin.
En cas de projections dans les yeux, rincez abondamment et filez chez votre médecin ou à l'hôpital le plus proche.
En cas d'ingestion accidentelle, par un enfant par exemple, essuyez le produit autour de la bouche et rincez le visage à l'eau claire, retirez les vêtements souillés, ne provoquez pas de vomissement qui pourrait causer de nouvelles brûlures. Appelez le centre antipoison ou le service d'urgence en précisant de quel produit il s'agit (emportez l'emballage avec vous pour vous rendre à l'hôpital).

Entretenir

Entretenir sa maison au quotidien peut être d'une facilité déconcertante, pourvu que l'on sache s'y prendre. Voici quelques conseils pratiques de nettoyage courant des supports les plus répandus dans une maison.

Pour les sols

Carrelage

N'utilisez jamais de produits savonneux ou gras qui déposent une pellicule terne sur le carrelage. Vous pouvez employer pour le nettoyer les mélanges suivants en remplacement d'un nettoyant classique (pas tous en même temps, bien entendu) :

- eau chaude et vinaigre blanc auxquels vous pourrez ajouter de l'huile essentielle de pin (20 gouttes) pour le faire briller (et en plus, ça sent bon !).
- 1 verre d'alcool à brûler pour 4 litres d'eau.
- 1 cuillère à soupe de borax et 2 cuillères à soupe d'ammoniaque pour 4 litres d'eau.
- La serpillière doit être bien essorée, un rinçage est souvent utile et un séchage avec une serpillière sèche assure la longévité des joints.

Parquet ciré

Utilisez une serpillière humide, mais pas trempée. Vous pouvez employer pour le nettoyer l'un des mélanges suivants :

- 1 verre de vinaigre de cidre pour 4 litres d'eau.
- 2 sachets de thé infusés pour 1 litre d'eau.

Il vous faut impérativement essuyer le sol et le lustrer avec un chiffon doux.

Parquet huilé

Il ne se lave pas, mais s'époussette avec un balai à franges très légèrement humidifié.

Parquet vitrifié

Le plus simple d'entretien. Une serpillière humide et un produit de nettoyage basique (liquide vaisselle, nettoyant spécial pour bois vitrifié). Vous n'échapperez pas cependant au petit coup de serpillière sèche final. Vous pourrez ajouter, dans l'eau de rinçage, une larme de liquide de rinçage pour lave-vaisselle, qui réduit le temps de séchage.

Sols stratifiés (plancher flottant, par exemple)

Plus fragiles que la porcelaine, ils ne supportent pas l'eau qui les fait gonfler comme des outres. Vous pouvez cependant vaporiser sur la surface un mélange composé de 1/3 de vinaigre blanc, 1/3 d'alcool à brûler et 1/3 d'eau. Essuyez au fur et à mesure de la vaporisation avec une serpillière sèche.

Sols PVC/linoléum

Évitez les produits « qui font briller », ils déposent sur le sol une couche qui s'opacifie avec le temps et donnera un air tristounet au revêtement. Sur le linoléum, n'utilisez pas d'ammoniaque, d'eau de Javel, d'alcool, de savon noir ou de poudre à récurer, il ne s'en remettrait pas. Vous pouvez utiliser pour le nettoyer les mélanges suivants :

- 1 verre de vinaigre blanc pour 4 litres d'eau.
- 2 cuillères à soupe de borax pour 4 litres d'eau.

Pierres naturelles

Il vous faut d'abord vérifier si elles sont poreuses ou non. Si elles le sont, elles devront être impérativement imperméabilisées pour résister aux taches (voir chapitre « Embellir »). Une fois protégées, elles s'entretiennent avec un peu de liquide vaisselle dilué dans l'eau. Évitez les détergents agressifs qui les abîmeraient.

Terres cuites (ou tomettes)

Une fois par semaine, brossez-les avec du savon noir et de l'eau chaude. Laissez sécher sans les rincer. Le savon noir laisse ainsi une couche protectrice.

Moquette

Une aspiration soignée chaque semaine est nécessaire à sa bonne tenue. Vous lui redonnerez un peu de punch en saupoudrant toute la surface de bicarbonate de soude. Laissez agir le produit trente minutes, puis aspirez.

Pour les meubles

Vous le savez déjà : mieux que les aérosols qui encrassent, utilisez les chiffons qui attirent la poussière. Faites-les tremper dans de l'eau additionnée de quelques gouttes de glycérine. Laissez sécher à l'air libre.

Bois ciré

Un bon dépoussiérage hebdomadaire suffit. La cire ne s'applique qu'une ou deux fois par an.

Bois verni

Simplissime ! Un coup de chiffon doux glycériné pour attraper la poussière, et le tour est joué.

Fauteuils et canapés en tissu

N'arrachez pas les coutures en aspirant les coussins ! Les meubles capitonnés ne supportent qu'une aspiration douce que vous effectuerez avec la brosse de l'aspirateur. À défaut, utilisez une brosse aux poils souples (pas de brosse en chiendent !) ou un rouleau adhésif qui sert ordinairement à dépoussiérer les vêtements.

Fauteuils et canapés en cuir

Utilisez pour les dépoussiérer un chiffon glycériné.

Rideaux et voilages

Aspirez-les avec l'accessoire approprié de l'aspirateur (puissance minimale !). Mais partez bien du haut (profitez-en pour aspirer la tringle). Vous ferez de même avec les stores en tissu.

Stores à lamelles

Enfilez des gants de coton qui retiennent la poussière ou une chaussette que vous utiliserez comme une pince et glissez vos mains entre les lamelles. C'est fastidieux, mais efficace !

Vitres

Eau, alcool à brûler, vinaigre, ammoniaque, c'est fou tout ce qu'on peut utiliser pour permettre à la lumière d'entrer à flots dans la maison. Attention toutefois à ne jamais utiliser de chiffons pelucheux dont les fibres colleraient aux carreaux. Le papier journal, en revanche, est un grand atout puisque son encre fait briller les vitres. On nous dit aussi que le bain moussant qui fait des bulles fonctionne à merveille. Qui veut essayer ?

Murs et plafonds

Ça s'époussette tout simplement avec un balai à long manche télescopique ou l'aspirateur (puissance minimale et brosse pour les papiers peints). Portez des lunettes de protection, faute de quoi vous en aurez rapidement plein les yeux !

Fenêtres en PVC

Mettez 2 cuillères à soupe de cristaux de soude et 1 cuillère à soupe d'eau de Javel dans une petite bassine d'eau. Nettoyez la fenêtre avec ce mélange et rincez-la abondamment. Pour les taches résistantes, utilisez un produit nettoyant pour le four !

Pour les autres surfaces

La brique

Elle se brosse énergiquement avec du liquide vaisselle dilué. La brosse doit être bien égouttée, la brique ayant une fâcheuse tendance à s'effriter quand elle est mouillée.

Le marbre

Une douce caresse avec une eau savonneuse devrait lui convenir.

L'ardoise

Le liquide vaisselle dilué lui suffit, mais il faut impérativement la rincer et la sécher après nettoyage.

L'inox

Ne le laissez pas dans l'eau, il se piquerait ! Pour le faire briller, un produit à vitres devrait suffire.

Le plastique

De l'eau, du liquide vaisselle et une éponge viennent à bout de la poussière. N'utilisez pas de brosses à poils durs ou d'éponge grattante qui pourraient rayer la surface.

L'ASTUCE DE BÉATRICE ET DANIÈLE

Nos canalisations ont la vie dure !

Un évier ou un lavabo bouché et c'est toute la vie de la maison qui est bouleversée ! Il faut dire qu'on leur fait tout avaler : graisses, aliments, cheveux, petits objets, produits ménagers, produits cosmétiques, etc. Pour les conserver en bon état, il est impératif de prendre certaines précautions : équipez vos éviers et lavabos d'une crépine (cette petite grille retient les résidus alimentaires et les cheveux) et nettoyez-les régulièrement en y déversant un nettoyant maison (1 verre de bicarbonate de soude + 1 verre de sel fin de cuisine et 1/2 litre de vinaigre) laissez agir 10 minutes. Rincez à l'eau bouillante.

Nettoyer à fond

Il faut bien souvent se rendre à l'évidence : les surfaces de la maison ont besoin d'être nettoyées en profondeur. Pour certaines d'entre elles comme le carrelage, la chose sera aisée et rapide, pour d'autres, il faudra plus de patience, de technicité et quelquefois des produits spécifiques.

Pour les sols

Carrelage

Si le carrelage de la salle de bains est terni par des éclaboussures de savon, utilisez du vinaigre blanc dilué (1 mesure de vinaigre pour 4 d'eau). Pour un nettoyage parfait : mettez de la poudre à récurer sur le sol et frottez-le avec une brosse dure. Rincez et séchez.

Vous pourrez nettoyer les joints (cela vaut aussi pour les murs de la salle de bains) selon notre méthode : mélangez 1/2 bol de vinaigre blanc et 1 cuillère à soupe de liquide vaisselle et frottez avec une brosse à dents. Puis passez un coton imbibé d'eau oxygénée pour les blanchir. Vous pouvez également les imperméabiliser une ou deux fois par an avec un produit spécial que vous trouverez dans les grandes surfaces de bricolage.

Ou tester cette nouvelle astuce : diluez 1 bouchon d'eau de Javel dans 1 litre d'eau, frottez les joints avec une brosse à dents, laissez agir de dix à vingt minutes et rincez longuement à l'eau claire pour éviter que les joints ne jaunissent. Essuyez avec un chiffon sec.

Parquet ciré

Pour récupérer un parquet abîmé, commencez par le nettoyer avec le mélange suivant : 1/3 d'alcool à brûler, 1/3 d'huile de lin, 1/3 d'essence de térébenthine.

Pour le réparer, mélangez 33 cl de cire jaune, 10 g de gomme laque et 33 cl d'essence de térébenthine. Bien entendu, ces produits doivent être tenus hors de portée des enfants ! Faites ensuite fondre à feu très doux, puis appliquez le mélange une fois refroidi au pinceau. Pour faire briller, laissez sécher et passez un chiffon doux. Vous pouvez aussi le décaper (voir notre premier tome) et le cirer.

Parquet huilé

Tous les six mois, poncez-le légèrement, lavez-le au savon noir sans trop le mouiller et appliquez une nouvelle couche uniforme d'huile de lin.

Parquet vitrifié

Il n'aime rien tant que de se faire passer le « polish » spécial rénovation de parquet sur les lattes. N'en mettez pas trop, ou il pourrait suffoquer et poisser.

L'ASTUCE DE BÉATRICE ET DANIÈLE

Si le parquet est ancien, commencez par le détacher en frottant avec du marc de café séché. Aspirez le marc de café, puis nourrissez le bois avec de la cire. Après absorption de la cire, lustrez-le pour le faire briller.

Sols PVC

Pour nettoyer parfaitement un sol en plastique, lavez-le avec 2 litres d'eau chaude additionnée de 3 bouchons de produit dégraissant pour sol. Essorez bien la serpillière pour ne pas trop humidifier le plastique. Ensuite, rincez pour éviter que la surface ne colle quand elle sera sèche.

Pierres naturelles

Elles se lavent au savon noir dilué dans l'eau claire. Il vous faudra une bonne brosse pour nettoyer les irrégularités de ses reliefs. Rincez avec une eau légèrement javellisée.

Terres cuites (ou tomettes)

Une fois par an, brossez-les avec des cristaux de soude pour décoller la crasse accumulée. Pour faire briller, mélangez 1/3 d'huile de lin, 1/3 d'essence de térébenthine et 1/3 d'alcool ménager et étalez à l'aide d'un pinceau.

VOUS LE SAVEZ DÉJÀ

Nettoyer le linoléum

Après avoir débarrassé l'espace de toute saleté, commencez le nettoyage avec des brosses trempées dans 1 litre d'eau chaude mélangée à 3 cuillères à soupe de cristaux de soude. Pour les petites traces rebelles de chaussures, un simple coup de gomme d'écolier suffit à tout faire disparaître. Pour faire briller : mélangez 1 jaune d'œuf dans 1 litre d'eau.

Moquette

Nettoyez avec un mélange à parts égales d'eau gazeuse et de vinaigre blanc. Rincez à l'eau claire. Le mélange est appliqué avec une éponge humide, la moquette brossée avec des mouvements circulaires et enfin séchée au maximum. Aspirez une nouvelle fois quand elle sera sèche.

L'idéal pour les moquettes synthétiques est d'utiliser un nettoyeur-vapeur qui va chercher la saleté incrustée au fond de la moquette (vous pouvez louer cet appareil). N'entrez pas dans la pièce tant que la moquette est encore humide. À proscrire si la moquette est en laine.

Sisal, coco et jonc de mer

Nettoyez-les à l'eau salée, rincez et laissez sécher.

Pour les meubles

Bois ciré

Pour le décrasser : mélangez 250 g de cire d'abeille, 1 cuillère à soupe d'eau de Javel, 1 cuillère à soupe d'essence de térébenthine et 2 cuillères à soupe d'alcool à brûler. Enduisez le meuble de cette préparation et nettoyez avec des chiffons blancs que vous renouvellerez régulièrement jusqu'à ce que le meuble soit propre.

Ou plus simplement : nettoyez-le avec de la bière que vous aurez tiédie, du thé que vous aurez laissé refroidir ou encore du vinaigre blanc. Ces méthodes douces ont l'avantage d'être rapides et peu agressives pour le bois. Elles n'empêchent pas si nécessaire un décapage en règle.

VOUS LE SAVEZ DÉJÀ

Passez un tampon imbibé de vinaigre sur le meuble avant de le cirer. Ce traitement l'aseptisera et lui redonnera l'éclat des premiers jours. En revanche, n'utilisez pas d'huile qui ternirait le bois et foncerait sa couleur.

Pour le cirer : il vous faut une bonne cire fabriquée à base de cire d'abeille naturelle, appelée encore « patine des antiquaires », que l'on trouve dans le commerce. Si vous tenez à faire tout vous-même, vous pouvez la fabriquer en mélangeant dans un bocal 50 g de cire d'abeille râpée et 150 ml d'essence de térébenthine. Déposez ce bocal dans un grand récipient et versez-y de l'eau chaude comme pour un bain-marie. Remuez jusqu'à ce que le mélange forme une pâte souple. Laissez refroidir avant de vous en servir. Étalez la cire sur un chiffon (ne déposez jamais la cire directement sur le meuble).

Ou plus simple encore : mélangez 1 cuillère de vinaigre blanc à 1 verre d'huile d'olive.

Bois verni

Il se nettoie avec une éponge légèrement humidifiée. Les traces de doigts s'effaceront avec un peu de white-spirit. Si le vernis est terne, appliquez le mélange suivant: 1/3 d'huile de lin, 1/3 de vinaigre blanc et 1/3 d'alcool à brûler. Mélangez avant l'application au chiffon.

L'ASTUCE DE BÉATRICE ET DANIÈLE

Différencier un bois ciré d'un bois verni

Il n'est pas toujours facile de faire la différence entre ces deux finitions. Voici un petit truc qui devrait vous aider : faites chauffer un peu d'huile de lin et déposez-en quelques gouttes lorsqu'elle a refroidi sur un point invisible du meuble. Le bois ciré l'absorbe, le bois verni la laisse à la surface.

Fauteuils et canapés en tissu

Pour qu'ils se conservent mieux, déplacez régulièrement les coussins et les assises, car nous avons tendance à nous asseoir toujours au même endroit. L'usure sera ainsi plus uniforme. S'ils ne se déhoussent pas, suivez scrupuleusement les conseils du fabricant. Retenez-vous, quoi qu'il arrive, de détremper le tissu et de mouiller la garniture qui se trouve en dessous. Vous pourrez tout de même les frotter avec une poignée de sel humide et aspirer ensuite ou avoir recours aux produits nettoyants des droguistes.

Fauteuils et canapés en velours

Préparez 1 litre d'eau tiède avec des paillettes de savon doux, puis frottez. Mettez 1 cuillère à soupe de vinaigre blanc dans l'eau de rinçage. Après séchage, rien de tel qu'un bon bain de vapeur pour redresser les fibres du tissu.

Fauteuils et canapés en cuir

N'utilisez ni eau ni produits agressifs, uniquement des crèmes nourrissantes et nettoyantes. Vous appliquerez le produit sans excès en faisant des mouvements circulaires. Pour les coutures, utilisez une brosse à dents. Laissez sécher avant de lustrer.

Pour redonner à un salon en cuir son éclat originel : tout d'abord, nettoyez le fauteuil en mélangeant 1 blanc d'œuf battu en neige avec le jus de 1/2 citron.

Ensuite, passez de la glycérine à l'aide d'un chiffon en insistant sur les taches. Pour finir, nourrissez le cuir avec de la crème après-soleil, laissez sécher et faites brillez avec un chiffon doux.

Lavable ou non ? Pour le savoir, déposez 1 goutte d'eau dans un endroit caché. La goutte est absorbée ? Le cuir n'est pas traité pour subir un lavage.

L'ASTUCE DE BÉATRICE ET DANIÈLE

Du faux comme du vrai !

Pour redonner à un canapé en simili cuir une nouvelle jeunesse, commencez par enlever les taches les plus importantes à l'aide de mie de pain. Nettoyez le canapé en profondeur avec du lait pour bébé. Nourrissez le cuir en frottant l'intérieur d'une peau de banane sur le revêtement et terminez l'opération par le passage d'un chiffon doux.

Rideaux et voilages

Mettez les voilages dans une taie d'oreiller pour ne pas avoir à retirer tous les crochets pour le lavage.

Pour redonner toute la blancheur à des voilages : trempez-les dans un mélange composé d'eau chaude et de 1 ou 2 sachets de levure chimique ou ajoutez 2 cuillères à café rases de fécule de maïs ou de pomme de terre dans le lave-linge.

Ils seront plus lisses si vous les faites tremper quelques minutes dans de l'eau chaude additionnée de 2 feuilles de gélatine alimentaire.

Pour le séchage, raccrochez les voilages encore humides pour que le poids de l'eau les tende, redonnant ainsi le tombé originel.

Stores à lamelles

Débarrassées de la poussière, les lamelles ont besoin d'un petit nettoyage ? Deux gouttes de liquide vaisselle dans une petite bassine d'eau suffiront à laver les stores. Répétez alors le même geste que précédemment avec vos gants ou votre chaussette.

L'ASTUCE DE BÉATRICE ET DANIÈLE

Pour que les stores coulissent sans difficulté, pensez à enduire le cordon avec du savon de Marseille. Les stores retrouveront leur fluidité originelle et vous pourrez les faire descendre et monter autant de fois que vous voudrez.

Murs et plafonds

En nettoyant murs et plafonds, vous aurez sans doute bien du mal à rester à l'abri des projections de poussière et des gouttelettes de votre éponge. Équipez-vous d'un bonnet de douche, de lunettes de protection et d'une paire de gants. Vous en replierez les avant-bras qui formeront comme une gouttière, empêchant l'eau de s'écouler dans les manches de votre pull. Pour le plafond, utilisez un balai éponge que vous essorerez au fur et à mesure de votre avancée. Débutez par un angle et progressez jusqu'au centre. Pour les murs, vous irez de haut en bas. Ne vous arrêtez pas en chemin, il est important de finir le rinçage avant que les murs soient secs, sinon les traces resteront.

Pour les nettoyer plus facilement, placez dans la pièce fermée une casserole d'eau bouillante ou un cuit-vapeur. La poussière se décollera plus facilement. Sur les peintures, les taches alimentaires partent avec un mélange d'eau et de liquide vaisselle. Les marques de doigts et de meubles, avec une gomme. Vérifiez avant d'intervenir la tenue de la peinture (acrylique ou glycéro). Un nettoyage trop agressif pourrait vous obliger à repeindre toute la pièce !

Les autres surfaces

La brique

Pour la protéger, vous pouvez la recouvrir d'un vernis incolore qui foncera sa belle couleur et rendra son nettoyage bien plus facile.

Le marbre

Si le sol est en marbre, imperméabilisez-le une fois par an avec un produit spécifique (dans les grandes surfaces de bricolage). Sur une cheminée, vous pouvez lui redonner un certain brillant en le frottant avec un chiffon imbibé de pétrole.

L'ardoise

Quand les taches de gras forment d'inélégants amas sur l'ardoise, lavez-la avec un mélange de 5 cl d'ammoniaque pour 2,5 litres d'eau. Puis imperméabilisez le sol avec un produit spécifique (dans les grandes surfaces de bricolage).

L'inox

Ne le frottez jamais avec une éponge abrasive. Utilisez une eau savonneuse ou du liquide vaisselle. Il retrouve son éclat facilement avec du vinaigre d'alcool pur ou du citron. Pour éviter les traces d'eau, essuyez-le avec un chiffon légèrement huilé.

L'ASTUCE DU FORUM

Pour nettoyer un escalier en bois, délayez 3 cuillères à soupe de farine dans 1/2 litre d'eau. Faites chauffer en remuant. Une fois que la pâte est prise, ôtez du feu et laissez tiédir. Appliquez ensuite au pinceau sans laisser sécher sur les marches et essuyez avec un chiffon.

Détacher

La dernière soirée avec vos amis s'est déroulée merveilleusement… à un petit détail près : la bouteille de vin a échoué sur votre moquette. Si vous n'avez rien fait immédiatement, la bêtise sera difficile à rattraper. Rappelez-vous que plus vite vous agirez et plus vous aurez de chances de faire disparaître la tache. Cela vaut pour toutes les taches qui viennent couramment détruire vos efforts et vous désespèrent. Mais l'équipe des Nettoyeurs vient à votre secours et vous donne quelques grandes astuces de détachage.

ATTENTION !

Si vous utilisez des détachants vendus dans le commerce, respectez scrupuleusement les recommandations d'usage et protégez-vous. Ces produits sont agressifs.

Quelques recommandations générales

Agissez au plus vite : épongez les liquides en tamponnant une éponge sur la tache, enlevez les matières solides à l'aide d'une spatule.

Soyez discret : avant d'appliquer le produit, faites un test dans un endroit invisible pour vérifier que le remède ne sera pas pire que le mal !

Soyez patient : renouvelez l'application du produit nettoyant jusqu'à disparition de la tache qui, quelquefois, pénètre au cœur des fibres textiles ou végétales (sans détremper le matériau que vous êtes en train de détacher). Si vos efforts ne donnent rien, passez à un nettoyage plus agressif ou confiez-le à un spécialiste.

Partez toujours de la périphérie de la tache et, par des mouvements circulaires, gagnez le centre.

Ne frottez pas, tamponnez !

Sachez reconnaître à qui vous avez affaire

Toutes les taches ne sont pas de même nature et ne se traitent pas de la même façon. Les spécialistes en distinguent quatre catégories :

Les taches issues de matières contenant des protéines : le sang, le fromage, les œufs, les plats préparés, les déjections.

Les taches issues de matières graisseuses : les huiles végétales ou synthétiques, les graisses animales comme le beurre, le lard, les crèmes solaires, etc.

Les taches de matières contenant du tanin (un composé organique végétal) : le vin, le café, le thé, les fruits et leurs jus, les sodas, etc.

Les taches de composés colorants : l'herbe, certains fruits, certaines terres, la moutarde, etc.

Pour vos tissus d'ameublements, moquettes, toutes fibres textiles (sisal, jonc de mer etc.)

Nature de la tache	Solution
Protéinique et tannique	Tamponnez à l'eau froide (surtout pas à l'eau chaude) jusqu'à disparition de la tache. Ne détrempez pas le tissu. Tache ancienne : versez un peu de liquide vaisselle dans de l'eau froide, humidifiez le tissu, laissez pénétrer et épongez avec un linge sec ou du papier absorbant. Renouvelez jusqu'à disparition de la tache et de la mousse. Placez plusieurs chiffons secs ou du papier absorbant sur la partie mouillée. Posez un poids dessus qui permettra à l'eau de s'évacuer. Laissez sécher. Si cela ne suffit pas, essayez successivement l'eau additionnée de lessive (1/2 cuillère à café par litre d'eau) , puis l'eau oxygénée.
Graisseuse	Tamponnez la tache avec de l'alcool à brûler que vous aurez déposé sur un chiffon blanc (une couleur pourrait déteindre et ajouter une plaie à une autre). Séchez bien.
Composés colorants	Si le tissu n'est pas lavable, vous aurez peu de chances de parvenir à enlever la tache. Procédez comme pour les taches protéiniques et tanniques.
Il arrive bien souvent que les taches proviennent de matières où sont mélangés des composants graisseux et des composants colorants. C'est le cas des produits de maquillage, de la cire, des aliments.	Vous la traiterez d'abord avec de l'alcool à brûler en suivant la même procédure que précédemment. Si cela se montre inefficace, essayez successivement le liquide vaisselle, la lessive, puis l'eau oxygénée.

Lexique

des taches les plus courantes

B comme…

Boue : n'y touchez pas avant qu'elle soit complètement sèche. Ensuite, brossez ou aspirez. Vous pourrez nettoyer la moquette avec de l'eau vinaigrée en ayant soin de ne pas inonder la thibaude (partie qui se trouve face au sol).

Bougie : il faut attendre qu'elle ait durci avant d'intervenir. Enlevez l'amas de cire délicatement, sans utiliser de grattoir qui pourrait endommager le meuble ou le sol. Posez dessus la face mate d'une feuille de papier kraft s'il s'agit d'un textile ou un chiffon s'il s'agit d'un meuble en bois, et passez dessus le fer à repasser tiédi. Renouvelez l'opération avec une feuille (chiffon) propre jusqu'à disparition de la tache. Vous serez peut-être obligé de cirer et de lustrer le meuble à l'issue de ce nettoyage. Sur un parquet : commencez par la durcir avec un glaçon, et grattez avec un couteau non tranchant. Effacez les dernières traces avec de la cire.

Brûlure : sur un sol en PVC ou une moquette, vous n'aurez d'autre choix que de découper la partie abîmée et de la remplacer naturellement par une neuve.

C comme…

Ciment : sur le carrelage, vous le ferez partir avec un mélange de vinaigre et d'eau.

Cirage : sur un tapis, vous l'enlèverez en utilisant de l'essence à briquet. La procédure est toujours la même : tamponnez avec un chiffon propre et imbibé d'essence jusqu'à disparition de la tache.

Cire : elle devrait normalement rester sur les meubles, mais un accident est si vite arrivé ! Commencez par l'absorber avec du papier absorbant, puis tamponnez au white-spirit et dégraissez à l'eau légèrement savonneuse.

Colle : passez un glaçon dessus et grattez le surplus, puis tamponnez avec un chiffon imbibé d'alcool à brûler ou de white-spirit ou encore d'acétone. Pour les moquettes, utilisez de l'acétone.
Pour enlever la colle d'un parquet, préparez une mixture à base de colle à papier peint et d'un peu de lessive de soude. Étalez sur le parquet à l'aide d'un pinceau. Laissez agir quelques instants… Enfin, enlevez la colle à l'aide d'une pelle et d'une brosse. Une fois le travail achevé, rincez à l'eau claire et laissez sécher.

E comme…

Encre : sur les textiles d'ameublement, posez une feuille de papier absorbant pour éliminer le maximum d'encre, puis couvrez la tache de lait. Frottez avec une brosse et épongez au fur et à mesure jusqu'à complète disparition. Faites sécher avec un poids dessus.
Vous pouvez également frotter la tache avec une pâte de savon en paillettes dilué (à peine) dans l'eau chaude. Laissez agir puis rincez.
Sur un parquet, rincez délicatement à l'eau de Javel pure avec un Coton-tige. Essuyez sans attendre avec un chiffon propre ou du papier absorbant. Recommencez jusqu'à disparition de la tache.

F comme…

Feutre : sur un parquet, frottez les taches avec du jus de citron ou du lait.

G comme…

Graisse : sur les meubles, avant que la tache soit sèche, recouvrez-la de sel fin, de talc ou de terre de Sommières qui vont absorber la graisse. Retirez-le avec un chiffon. Recommencez jusqu'à disparition de la tache.
Sur un textile d'ameublement, coussin de canapé ou assise de chaise, recouvrez le talc d'une feuille absorbante (buvard, papier, kraft) et passez un fer à repasser tiède. La graisse pénétrera mieux dans le talc. Renouvelez l'opération jusqu'à disparition de la tache.
Pour être certain d'en venir à bout, quand la graisse est tombée sur une moquette ou sur un parquet, par exemple, vous pouvez, une fois que le produit a été absorbé, déposer avec un chiffon ou une éponge un peu de solvant (essence à briquet ou trichloréthylène pour la moquette, essence de térébenthine pour le parquet) que vous recouvrirez de talc. Laissez sécher vingt-quatre heures avant de retirer le talc. Il paraît que ça marche aussi avec de la farine de froment…

M comme…

Moisissures : sur les moquettes et les tapis, appliquez une pâte constituée d'un tiers d'amidon en poudre, d'un tiers de savon de Marseille en copeaux, d'un tiers de sel et du jus d'un citron. Laissez pénétrer, puis rincez parfaitement.
Sur les murs, lavez les surfaces moisies avec du vinaigre blanc non dilué. Puis laissez s'évaporer sans rincer. Ensuite, si toutes les traces ne sont pas parties, vous terminerez le travail avec de l'eau de Javel diluée. Et enfin, pour éviter le retour des moisissures, aérez la pièce chaque jour.

O comme…

Œuf : le jaune d'œuf disparaîtra avec un peu d'eau froide salée ou, au pis, avec de l'eau oxygénée.

R comme…

Rouille : en aspergeant la rouille avec du sel et du citron vert (qui contient de l'acide citrique), vous provoquez une réaction chimique. L'oxyde de fer, c'est-à-dire la rouille, va se transformer progressivement en une substance incolore et va disparaître.
Commencez par arroser la rouille de citron vert. Puis saupoudrez de sel fin et laissez agir trente minutes. Frottez énergiquement.
Pour les autres objets (mobilier de jardin, outils, etc.), vous n'échapperez pas à un ponçage sévère à la brosse métallique ou à la laine d'acier et à un graissage scrupuleux à l'huile alimentaire.

S comme…

Semelles (traces de semelles en caoutchouc) : vous les gommerez ou les enlèverez avec un peu de white-spirit ou de térébenthine.

T comme…

Thé : les tasses de porcelaine sont souvent marquées de taches de thé. Pour les faire disparaître, diluez des pastilles de stérilisation

L'ASTUCE DE BÉATRICE ET DANIÈLE

Pour éviter que les tampons à récurer ne rouillent, glissez-les dans un sachet en plastique que vous rangerez au congélateur.

pour biberon ou laissez-les tremper dans une eau légèrement javellisée.

V comme…

Vernis à ongles : sur une moquette ou un tapis, il partira aisément avec de l'essence à briquet.

Vin : s'il s'agit de vin rouge, épongez au maximum. Mettez la nappe dans l'eau pour diluer la tache (mieux, dans l'eau gazeuse) et lavez au savon de Marseille. Si la tache est ancienne, utilisez de l'alcool à brûler ou de l'eau glycérinée.

Recettes insolites

Spontanément, personne ne penserait à déposer de la crème à raser sur de la vinaigrette répandue sur la moquette… Et pourtant, parmi les recettes de détachage, nombreuses sont celles, insolites et efficaces, qui puisent dans les placards à provisions et dans les armoires de salle de bains.

Dans le placard à provisions

Avec de la pomme de terre

→ crue

• Vous enlevez la rouille des couteaux et des ustensiles de cuisine. Après les avoir saupoudrés de lessive, frottez avec 1/2 pomme de terre.
• À défaut d'amidon, frottez 1/2 pomme de terre sur les poignées de porte et leur entourage. Passez un coup de chiffon, les traces de doigts auront disparu.
• Vous nettoyez les vases et les carafes en cristal. Frottez avec 1 rondelle de pomme de terre, puis rincez. Pour rendre son éclat à l'intérieur, remplissez-le de pelures et ajoutez de l'eau, laissez macérer quatre jours avant de rincer.
• Vous pouvez sans risque nettoyer les tableaux (peints à la peinture à l'huile) en frottant 1/2 pomme de terre sur leur surface.

→ cuite

- Vous blanchissez les voilages en plaçant une pomme de terre dans la machine à laver au moment de les nettoyer.
- Pour nettoyer des peluches : appliquez 1/2 pomme de terre sur la peluche. Laissez sécher, puis brossez.

Avec de la mie de pain

- Vous gommez les taches des papiers peints et des canapés en cuir.
- Vous absorbez une tache d'huile sur un textile.
- Vous nettoyez les bijoux en or.

Avec du Coca-Cola® ou un soda équivalent

- Vous détachez les tasses tachées de café (laissez tremper une nuit).
- Vous détartrez la cuvette des toilettes (laissez le produit agir une ou deux heures, puis frottez).
- Vous enlevez la rouille des plats à gâteaux ou de tout autre ustensile de cuisine (laissez tremper une nuit).

Avec du citron

- Vous enlevez les taches d'encre, de feutre, de fruits rouges, d'herbe, les moisissures et la rouille.
- Vous nettoyez les bijoux en argent (il suffit de frotter).
- Vous détartrez les robinets. Frottez jusqu'à dissolution de toute trace.
- Vous embaumerez votre maison en les mettant dans le four.

Avec du lait

→ chaud

- Il se mélange aux graisses retenues sur la nappe en toile cirée et la nettoie à fond. Il est également efficace sur les bois cirés.
- Vous désodorisez la poêle dans laquelle vous avez fait cuire du poisson en faisant bouillir un peu de lait dedans avant de la laver.
- Une coupelle de lait chaud placée dans un meuble lui enlève toute odeur, tout comme tiède dans le réfrigérateur.

→ froid

- Il donne de la brillance aux plantes vertes artificielles (en caoutchouc).
- Vous détachez un tapis taché de sauce tomate. Versez lentement sur la tache et épongez au fur et à mesure avec du papier absorbant.

Avec du blanc d'œuf

- Il nettoie et lustre les cuirs.
- Un mélange de 2 blancs d'œufs avec 1 cuillère à café d'eau de Javel passé sur un cadre doré à l'aide d'un pinceau lui redonne un beau brillant. Avant que ce soit tout à fait sec, frottez avec une brosse à poils doux, puis lustrez.
- Pour donner une nouvelle jeunesse au mobilier de jardin : faites dissoudre des copeaux de savon dans un peu d'eau tiède. Cette eau savonneuse permettra de décrasser les meubles. Blanchissez-les ensuite avec de l'eau oxygénée, puis utilisez des blancs d'œufs montés en neige pour lustrer.

Avec du jaune d'œuf

- Ravivez la brillance du linoléum : il suffit pour cela de mélanger 1 jaune d'œuf à l'eau de rinçage.

Avec du marc de café

- Vous assurez un bon écoulement dans les canalisations en y versant régulièrement 1 cuillère à soupe de marc de café.
- Si vous mélangez du marc de café à du terreau lors du rempotage des plantes, il agira comme un engrais naturel et repoussera les pucerons.
- Vous désodorisez vos meubles.

Avec de l'ail

- Enfoncez dans la terre quelques gousses d'ail autour des rosiers pour éviter qu'ils ne soient assaillis de parasites.

Avec des yaourts nature

- Versez des yaourts nature fermentés dont la date de consommation est dépassée dans les toilettes. Les mauvaises odeurs disparaîtront et les bonnes bactéries de la fosse septique seront renouvelées.

Avec le sel

• Vous redonnez un coup de neuf aux meubles en rotin. Lavez-les à l'eau salée, essuyez avec un chiffon imbibé de jus de citron, rincez, laissez sécher à l'ombre et lustrez. Cette recette ravive également la paille des chaises.

• Associé au jus de citron, il nettoie et désodorise les cendriers et nettoie le marbre.

• Vous faites briller les cuivres : mélangez 1/3 de sel fin, 1/3 de farine et 1/3 de vinaigre d'alcool pour obtenir une pâte dont vous frottez les casseroles ou les bibelots. Laissez sécher, puis rincez. Lustrez avec un chiffon sec. Vous pouvez aussi les embellir en les frottant avec une pâte composé de vinaigre d'alcool et de gros sel que vous aurez fait bouillir. Rincez, puis lustrez.

• Vous fabriquez un absorbeur d'humidité : découpez une bouteille d'eau en plastique aux trois quarts et adoptez la technique du piège à guêpes. Pour cela, retrournez le quart supérieur correspondant au goulot et posez-le sur le reste de la bouteille. Placez au fond de la bouteille un coton imbibé d'huile essentielle. Mettez du gros sel dans le goulot qu'il vous faudra boucher à l'aide d'une gaze maintenue par un élastique. Changez le sel quand il est aggloméré par l'humidité.

• Vous supprimez les taches de rouille sur un sol plastique en déposant du sel dessus que vous frotterez ensuite avec 1/2 citron.

• Vous nettoyez les biberons avec du gros sel et un peu d'eau. Secouez vivement et rincez, les dépôts de lait auront disparu.

Avec l'huile alimentaire

• Vous pouvez empêcher les odeurs de se fixer sur les couverts de service ou le saladier en bois en les imbibant d'huile d'olive. Laissez-lui le temps de pénétrer à l'intérieur des fibres, rincez à l'eau chaude, puis renouvelez l'opération. Si les couverts sont usagés, poncez-les légèrement avant de les frotter avec l'huile.

• Pour entretenir et rénover des meubles en Formica, mélangez dans un vaporisateur l'équivalent de 3 verres d'eau tiède, 1 verre de vinaigre blanc, 1 cuillère à café d'huile d'olive et 1 cuillère à café de savon liquide. Nettoyez les surfaces à l'aide de ce mélange et utilisez simplement de l'alcool ménager au quotidien.

• Vous pouvez détacher les boîtes en plastique alimentaire (taches de tomate ou de carotte). Il suffit de les enduire d'huile puis de rincer.

Avec du thé

• Pour entretenir vos tapis ou vos parquets, déposez des feuilles de thé humides sur leur surface, laissez sécher et passez l'aspirateur.

• Pour faire briller un miroir, nettoyez-le avec du thé froid et essuyez avec un chiffon.

Avec de l'eau gazeuse

• Pour détacher les taches tanniques, elle est fortiche.

• Vous pouvez aussi l'utiliser pour nettoyer un évier en pierre : tout d'abord, nettoyez-le avec du savon noir à l'état pur. Après l'avoir rincé, répandez de l'eau gazeuse à laquelle vous ajoutez du bicarbonate. Mélangez, laissez agir, puis rincez. Dernière étape, lavez l'évier à l'eau de Javel, sans oublier de bien le rincer à l'eau chaude.

• Pour nettoyer l'intérieur du four à micro-ondes : introduisez un linge humide et chauffez pendant trois minutes, la vapeur va permettre de décoller les taches des parois. Frottez ensuite avec un peu de soda ou de l'eau gazeuse, les bulles enlèveront les taches.

• Vous pouvez avoir une bouteille d'eau gazeuse mélangée à du bicarbonate toujours prête à l'emploi. Remplacez le bouchon en plastique par un chiffon roulé dans le goulot qui agira comme une éponge quand vous en aurez besoin.

Avec des feuilles d'oseille

• Vous décrassez le fond des casseroles. Laissez-les tremper dans une eau savonneuse dans laquelle vous aurez jeté quelques feuilles d'oseille ou faites bouillir ce mélange quelques minutes avant de frotter.

Avec de la banane

- Servez-vous de l'intérieur de la peau pour faire briller vos plantes vertes.

Avec de la sauce Worcestershire ou du ketchup

- Vous ravivez les pièces en laiton et en cuivre.

Avec le beurre

- Vous pouvez dissoudre d'autres corps gras tels que le cambouis ou le rouge à lèvres.

Avec le beurre d'arachide

- Vous masquez les rayures sur un meuble en bois. Il suffit de l'étaler et de laisser sécher. Vérifiez cependant que personne dans votre famille n'est allergique à cet aliment.

Avec de la mayonnaise

- Vous pouvez éliminer les brûlures légères qui défigurent les meubles.

Avec le riz cru

- Vous empêchez le sel de s'agglutiner dans la salière.
- Vous nettoyez une bouteille Thermos : jetez-y des grains de riz cru et un peu d'eau chaude. Secouez délicatement, videz le contenu et laissez sécher.

Avec de la farine

- Vous pouvez transformer un banal chiffon en douce peau de chamois. Il suffit de le saupoudrer d'un peu de farine.
- Vous attrapez les cafards sans risque d'empoisonnement : placez une assiette de plâtre fin mélangé à du sucre et à de la farine et, à proximité, un récipient d'eau. Les vilaines bestioles assoiffées devraient mourir d'occlusion intestinale !
- Vous absorbez les corps gras liquides tombés sur le sol avant de les nettoyer au savon.

Avec de la moutarde

• Composez un répulsif écologique pour chat : mélangez 3 cuillères à café de moutarde dans 75 cl d'eau et pulvérisez sur les lieux concernés.

Avec des feuilles de chou

• Vous faites briller l'étain en le frottant avec une feuille de chou préalablement trempée dans du vinaigre additionné d'une pincée de sel.

Avec du Martini rouge

• Vous ravivez le zinc. Frottez avec un chiffon imbibé et rincez à l'eau claire.

Avec de l'oignon

• Laissez tremper 1 oignon épluché dans un bol d'eau quelques heures pour désodoriser une pièce ou un meuble.

• Suspendu et piqué de clous de girofle, il vous protégera contre les insectes.

Dans l'armoire de la salle de bains

Avec la mousse à raser

-Vous pouvez détacher une moquette ou un tapis sur lesquels de la vinaigrette s'est répandue. Agissez vite, laissez sécher et lavez.

-Vous pouvez également effacer les traces des tasses sur les meubles cirés en les brossant délicatement avec de la mousse à raser.

Avec le dentifrice

• Vous pouvez nettoyer le joint du réfrigérateur.

• Vous nettoyez le verre terni ou entartré. Frottez avec la pâte et rincez abondamment.

• Vous enlevez le tartre des sanitaires en émail. Rincez abondamment et essuyez.

• Vous masquez les rayures sur les vitres ou le verre d'une montre. Frottez doucement, puis rincez.

- Vous enlevez les taches rebelles des appareils électroménagers.
- Vous nettoyez et faites briller les pierres précieuses. Appliquez-le à l'aide d'une brosse à dents. Frottez, rincez et lustrez.

Avec de l'huile pour bébé

- Vous protégez l'acier inoxydable après nettoyage.

Avec de la laque pour cheveux

- Vous pouvez enlever une tache d'encre sur un meuble ou un tissu.

Avec du dissolvant pour les ongles

- Vous pouvez également enlever une tache d'encre sur un meuble ou un tissu.

Avec le bain moussant

- Vous nettoyez les façades de placard en acier inoxydable, les verres et les miroirs. Frottez avec un linge que vous aurez trempé dans le bain moussant, puis essuyez. C'est doux pour les matières et doux pour les mains.

Avec de l'amidon

- Encore un petit malin qui a la propriété d'absorber les taches. Sur un canapé taché, frottez d'abord avec un mélange d'eau et de vinaigre blanc, puis déposez une pâte d'amidon et d'eau. Laissez sécher plusieurs heures et aspirez l'amidon.

Avec des bas en Nylon

- Ils sont parfaits pour dépoussiérer les meubles et attirer les poils d'animaux scotchés à un canapé ou un tapis.

Avec l'assouplissant pour le linge

- Délogez la graisse accumulée sur le dessus des meubles de cuisine et du réfrigérateur en appliquant à l'éponge un mélange de 1/3 d'assouplissant pour 2/3 d'eau.

Ces produits qui font tout

Le savon de Marseille

• En copeaux, il permet de nettoyer le marbre.

• Appliqué à sec, il peut détacher une tache de sang préalablement trempée dans de l'eau froide et toutes les autres taches (vin, jaunissement…).

• En grattant le savon avec les ongles, il les protège de la saleté lors d'activités de bricolage.

Le savon noir

Ce savon liquide dégraisse parfaitement. On l'emploie pour nettoyer les pierres naturelles ou l'Inox des hottes et des fours. Il permet aussi d'enlever les taches de goudron ou de peinture à l'huile. De plus, c'est un excellent shampoing pour les animaux domestiques.

Le bicarbonate de soude

Cette poudre est particulièrement efficace pour éliminer la graisse brûlée qui entoure les plaques de cuisson. Elle peut aussi servir de désodorisant ou même de fongicide.

Parmi ses multiples utilisations :

• **Comme assouplissant :** ajoutez 1 cuillère à soupe rase à chaque rinçage.

• **Comme désinfectant :** saupoudrez les matelas, tapis, moquettes.

• **Comme désodorisant :** dans la litière du chat et la cage des oiseaux, les douches, baignoires et canalisations, le panier de linge sale, le réfrigérateur, l'intérieur des chaussures, etc.

• **Comme nettoyant :** la dose standard est de 5 g pour 25 cl d'eau.

1/ Pour les brosses et les peignes que vous faites tremper dans une solution de bicarbonate dilué.

2/ Pour toute la maison : fabriquez une pâte épaisse de bicarbonate légèrement dilué, étalez sur les surfaces à nettoyer, laissez agir et rincez.

• **Comme détartrant :**

1/ Pour le rideau de douche et la robinetterie quand il est associé à du citron.

2/ Pour le lave-linge : faites tourner une machine à vide avec 1 tasse de bicarbonate.

• **Comme baume réparateur :** si un meuble en bois a été légèrement brûlé par une cigarette, déposez du bicarbonate sur la marque, puis frottez délicatement avec un chiffon (toujours en rond autour de la marque). Renouvelez jusqu'à disparition de la marque.

Le vinaigre d'alcool, notre grand chouchou

• **Comme détachant :** préparez une solution composée de 1/4 de vinaigre, 1/4 de shampoing et 2/4 d'eau. Ayez-la toujours sous la main pour tamponner les taches dès leur apparition.

• **Comme adoucissant** dans le lave-linge et liquide de rinçage dans le lave-vaisselle.

• **Comme désinfectant.**

• **Comme détartrant,** bien sûr.

Les huiles essentielles

Ce sont des désinfectants puissants, mais aussi d'excellents répulsifs contre les insectes. Utilisées diluées dans un vaporisateur, elles désodorisent de façon 100 % naturelle. Il existe en outre une grande gamme de senteurs. Parmi celles que vous pouvez utiliser : citron, pin, eucalyptus, arbre à thé, lavande aux propriétés antiseptiques.

Entretenir ses outils de nettoyage

Pas de bon ouvrier sans bon outil, le dicton est bien connu. Mais nous pourrions en ajouter un autre : pas de bon outil sans un bon nettoyage ! Leur entretien est bien plus qu'une nécessité, c'est une obligation. Vous croyez vraiment que l'on peut laver un sol avec une serpillière sale ?

Les balais

Vous pouvez les laver à l'eau chaude, laissez sécher tête en bas. Pour les conserver plus longtemps, suspendez-les ou posez-les tête en l'air.

Les balais éponges

Rincez-les bien pour que le produit et la crasse s'en aillent. Emballez la tête dans un sac en plastique que vous fermerez avec un lien. Elle sera impeccable à la prochaine utilisation.

Les peaux de chamois

Lavez-les à l'eau chaude savonneuse et faites-les sécher à l'air libre, loin d'une source de chaleur qui les endommagerait.

L'aspirateur

N'oubliez pas de changer les filtres à la sortie du moteur, tous les cinq changements de sac. Dépoussiérez la coque et retirez les poussières et cheveux pris dans les brosses avec une pince à épiler.

Les seaux

Nettoyez-les à la Pierre blanche après chaque utilisation.

Les chiffons

Ils doivent être propres et secs. Après utilisation, rincez-les avant de les mettre en machine. Les produits qu'ils contiennent pourraient l'encrasser.

Détartrer

Les recettes sont nombreuses et nous ne pouvons les donner toutes ici. Si le vinaigre blanc chauffé demeure l'un des détartrants les plus efficaces, il a l'inconvénient, si on l'oublie, de fragiliser la céramique.

La cuvette des toilettes

Se détartre aussi avec les pastilles que l'on utilise pour nettoyer les appareils dentaires. Laissez agir au moins trente minutes, frottez énergiquement et rincez.

Le lave-linge et le lave-vaisselle

Faites-les tourner à vide avec du vinaigre blanc.

Le fer à vapeur

Laissez s'évaporer l'eau additionnée de vinaigre dont vous aurez rempli le réservoir. Faites de même plusieurs fois avec de l'eau claire pour rincer le vinaigre, qui peut être agressif pour le plastique.

La bouilloire

Remplissez le fond de la bouilloire de soda ou de vinaigre blanc chauffé que vous laisserez agir quelques heures. Pour éviter le retour du tartre placez une coquille d'huître à l'intérieur.

L'ASTUCE DE BÉATRICE ET DANIÈLE

Le tartre a la réputation de boucher les canalisations et de favoriser le développement des bactéries. Beurk ! Pour limiter son développement, vous pouvez avoir recours à plusieurs procédés : limiter la température de l'eau à 50°C car plus l'eau est chaude plus la production de calcaire est importante, ou bien installer un adoucisseur d'eau à l'arrivée générale ou sur l'un des points d'arrivée d'eau de la maison. Il est préférable de conserver un point d'eau non-traitée si l'on consomme l'eau du robinet. En effet, une eau trop douce a l'inconvénient de dissoudre les métaux des canalisations (plomb) et de généreusement nous le faire avaler !

Pour l'utilisation domestique, une dureté comprise entre 12 et 17° th est idéale : entre 0 et 10°th, l'eau est considérée comme douce, entre 11 et 20°th comme peu calcaire, entre 21 et 30°th comme calcaire, à plus de 31°th, très calcaire ou dure.

CE QUE VOUS SAVEZ DÉJÀ

S'il y a des traces de calcaire au pied des robinets, badigeonnez-les de vinaigre d'alcool que vous aurez au préalable fait chauffer, puis utilisez une brosse à dents pour faire disparaître les résidus. Vous pouvez aussi frotter le robinet avec 1/2 citron. Si les traces de calcaire se trouvent à la sortie d'eau du robinet, remplissez un sac en plastique de vinaigre d'alcool tiède et fixez-le avec un élastique au bec du robinet, de façon à ce que celui-ci trempe dans le liquide. Laissez agir une nuit entière avant de rincer.

Désodoriser

Les mauvaises odeurs sont inévitables dans une maison. Pour les chasser efficacement, rien de tel que d'aérer régulièrement les pièces. À moins d'aimer vivre dans les courants d'air, toutes portes de placard ouvertes, vous aurez besoin en plus de quelques astuces.

Une pièce

1/ Faites bouillir du vinaigre de cidre additionné d'herbes de Provence.
2/ Faites bouillir quelques clous de girofle dans un peu d'eau (ça marche aussi avec des bâtons de cannelle mélangés à du sucre).
3/ Vous ferez disparaître les odeurs de brûlé en faisant bouillir quelques rondelles de citron.

Un réfrigérateur

Déposez à l'intérieur :
1/ quelques bouchons de liège.
2/ du charbon de bois.
3/ une coupelle de bicarbonate.
4/ 1/2 citron.
5/ un bol de lait tiède.
6/ une coupelle de marc de café.

Un canapé

Pour supprimer l'odeur âcre de l'urine de chat, vaporisez sur la tache le mélange suivant : 1/3 d'eau oxygénée, 1/3 de liquide vaisselle, 1/3 de bicarbonate de soude dilués dans de l'eau tiède. Laissez agir quelques minutes, puis épongez soigneusement.

Un évier

Versez dans les canalisations votre marc de café (1 cuillère à soupe).

Une boîte en plastique

Laissez tremper une nuit dans de l'eau froide additionnée d'eau de Javel et de liquide vaisselle.

Une boîte en métal ou en verre

Humidifiez le récipient avant de l'enduire de farine de moutarde. Laissez agir au moins une heure, puis rincez.

Un four à micro-ondes

Placez une coupelle d'eau dans laquelle vous aurez plongé 1 citron et faites bouillir une minute.

Des toilettes

Mettez un vaporisateur comprenant une préparation de 250 ml d'eau et 1 goutte d'huile essentielle.

Nettoyer nos chers objets

A comme…

Abat-jour : pour le dépoussiérer, si le tissu est résistant, vous pouvez utiliser la brosse de l'aspirateur ou un sèche-cheveux. Pour les autres matières, utilisez plutôt un chiffon en microfibre ou un pinceau à poils souples pour les abat-jour en tissu froncé. Vous pouvez laver les abat-jour dont l'armature est en métal ou en plastique s'ils sont recouverts d'un tissu lavable. Opérez avec délicatesse avec un peu de liquide vaisselle et séchez-le au sèche-cheveux pour éviter que l'armature ne rouille. Vous pouvez éliminer les taches avec une gomme blanche.

Acier : pour éviter son oxydation, frottez l'objet avec du papier de verre pour métal 400 ou 1 000. Préparez un mélange de vaseline et de pétrole à parts égales, puis étalez-le à l'aide d'un chiffon doux.

Acrylique : certains sanitaires sont fabriqués en acrylique ou en fibre de verre, matériaux qui craignent les rayures. Nettoyez-les au quotidien avec du liquide vaisselle. N'utilisez pas de produit abrasif qui pourrait abîmer la surface et encore moins d'eau de Javel qui les fait jaunir. Vous pouvez faire disparaître les rayures avec un peu de nettoyant pour métaux ou avec un papier de verre à grain très fin.

Ampoule : nettoyez-les régulièrement, elles seront plus lumineuses ! Bien sûr, pour les dépoussiérer, vous n'oublierez pas de débrancher la lampe ! Vous pouvez déposer quelques gouttes d'huile essentielle sur les ampoules qui, en chauffant, dégageront un léger parfum.

Argenterie : pour lui redonner toute sa superbe, vous avez plusieurs solutions. Vous pouvez plonger l'argenterie dans l'eau bouillante dans laquelle trempe une feuille de papier d'aluminium avec 1 ou 2 verres de gros sel. Vous pouvez également nettoyer à la Pierre blanche. Ne les lavez jamais en machine avec des couverts en acier inoxydable.

L'ASTUCE DU FORUM

Protégez le dessus des armoires et des placards en y déposant une feuille de papier kraft (face mate contre le bois). Il suffit de les changer régulièrement.

B comme…

Baignoire : si des taches tenaces demeurent et que la baignoire est en céramique, vous pouvez utiliser le produit nettoyant pour le four pour en venir à bout. Plus douce et tout aussi efficace, une formule composée de 60 ml de bicarbonate de soude et 125 ml d'eau de Javel pour 1 litre d'eau chaude. Appliquez et laissez agir au moins quinze minutes. Rincez.

Barbecue : pour nettoyer la grille où les graisses restent accrochées, faites-lui subir l'épreuve du feu. Recouvrez-la de charbons ardents et laissez jusqu'à refroidissement complet.

Brosses et peignes : retirez les cheveux en vous aidant d'une brosse ou d'un peigne. Laissez ensuite tremper les ustensiles dans de l'eau chaude savonneuse pendant dix minutes. Rincez dans le lavabo en ajoutant à l'eau de rinçage la valeur de 1 verre d'eau de vinaigre blanc avant de les laisser sécher.

C comme…

Cartes à jouer : nettoyez-les à la mie de pain et empêchez la graisse de s'y fixer en les saupoudrant de temps à autre de talc pour bébé.

Casseroles : le bicarbonate de soude fabrique de minuscules bulles qui décollent progressivement la crasse. Idéal pour toutes les surfaces exposées à la graisse et, a fortiori, pour les casseroles. Étalez sur les parois et le fond une couche épaisse d'un mélange de bicarbonate de soude et d'eau (la poudre de bicarbonate doit devenir une pâte épaisse) et laissez agir pendant deux heures. Rincez à l'eau chaude avant de gratter avec un tampon abrasif.

Chandeliers : magnifiques quand ils s'illuminent et pitoyables quand ils sont éteints et recouverts de bougie, les chandeliers sont une vraie plaie à nettoyer. Vous pouvez cependant ôter la suie avec du vernis à ongles incolore que vous décollez une fois sec. Pour faire disparaître la cire, faites couler de l'eau chaude dessus plusieurs minutes ou placez le chandelier dans le four chaud (300 °C, th. 10), sur une feuille de papier d'aluminium.

Chaussures et bottes en cuir : dépoussiérez à l'aide d'une brosse. Nettoyez avec de l'eau dans laquelle vous aurez dilué 2 cuillères à soupe de vinaigre. Appliquez de la graisse animale sur les bottes et lustrez à l'aide d'un chiffon de laine.

Ciseaux : ne coupez pas de tissu avec des ciseaux à papeterie, et inversement. Des ciseaux qui n'ont qu'un seul usage garderont leur coupant plus longtemps. Vous pouvez les laver dans de l'eau savonneuse et nettoyez le gras avec de l'alcool à brûler. Le pivot a besoin d'être graissé de temps en temps, mais n'utilisez pas pour ce faire d'huile alimentaire mais de l'huile de graissage. Pour les aiguiser, pliez une feuille d'aluminium en quatre ou cinq épaisseurs et coupez-la avec vos ciseaux.

Climatiseur : lisez précisément les consignes du fabricant. Débranchez l'installation avant de commencer. Nettoyez régulièrement avec un chiffon humide le filtre, les serpentins qui, éventuellement, assurent le refroidissement et l'extérieur. Bien nettoyé, un climatiseur sera plus efficace et consommera moins. Quand vous le rallumez après une longue interruption, attendez vingt-quatre heures avant de mettre la climatisation en route.

Coussins : redonnez-leur une forme en les plaçant quelques minutes dans le sèche-linge (progamme « air froid »).

D comme…

Dépoussiérer : peluches, coussins et couettes se dépoussièrent aisément dans le sèche-linge. Humidifiez-les avec un vaporisateur, ajoutez 2 balles de tennis et faites tourner le sèche-linge de dix à quinze minutes (programme « air froid »). N'oubliez pas ensuite de nettoyer le filtre !

Dessins d'enfant : le petit dernier a dessiné son premier bonhomme et vous le trouvez trop mignon ? Bombez-le à la laque pour cheveux. Ce film le protégera de la poussière.

DVD et CD : vous pouvez les nettoyer avec une éponge (face non grattante !) et un peu de liquide vaisselle. Essuyez en partant du centre pour aller vers le bord extérieur. Vous risqueriez de l'endommager en suivant naturellement sa forme ronde.

E comme…

Égouttoir : il sera impeccable après un bain prolongé dans de l'eau savonneuse suivi d'une trempette dans un bain très chaud légèrement ammoniaqué. Pour le récurer, rien de telle qu'une brosse à poils durs, ce qui ne vous empêchera pas de frotter !

Étiquettes : il est parfois difficile de les décoller du livre que l'on vient d'acheter et la couverture, bien souvent, demeure collante à cet endroit. Voici un petit truc, facile à appliquer : chauffez légèrement l'étiquette avec un sèche-cheveux et décollez-la doucement.

Évier en céramique : si la céramique de l'évier est entartrée, commencez par la nettoyer avec du vinaigre blanc mélangé à de l'eau chaude. Plaquez contre les parois de l'évier du papier absorbant imbibé de ce mélange. Laissez agir cinq minutes. Frottez ensuite avec une éponge sur laquelle vous aurez déposé de la Pierre blanche. Essuyez l'évier pour éviter que l'eau, en séchant, n'y dépose de nouveau du calcaire.

L'ASTUCE DE BÉATRICE ET DANIÈLE

Un produit à retenir

La Pierre blanche est une crème nettoyante composée de poudre de roche, de flocons de savon, de glycérine, d'huile de citron, de sodium et d'ingrédients végétaux. Inoffensive pour les mains et la santé, elle nettoie et polit. Elle nous vient d'Allemagne où elle a été inventée dans les années 1930. Vous la trouverez dans les magasins de produits biologiques, sur Internet, sur les sites spécialisés dans la vente de produits biologiques, ou dans les grandes surfaces.

G comme…

Graisse : pour jeter les graisses qui stagnent au fond des plats, récupérez une boîte en plastique, versez la graisse dedans et mettez-la au congélateur. Quand la graisse a durci, jetez le tout. Facile, non ?

H comme…

Hotte de la cuisine : elle se dégraisse aussi à l'eau froide avec de la lessive pour le linge.

I comme…

Inox : il retrouvera brillant et propreté avec de l'argile fine passée sur une éponge humide. Rincez et lustrez.

Insectes : ils prendront la poudre d'escampette avec quelques trucs de nos grands-mères :

- les araignées détestent les feuilles de tomate ; dressez une jolie guirlande tout autour de la pièce.
- les puces sont allergiques à la menthe. Placez des feuilles de menthe aux endroits où elles se cachent dont le panier du chien. Et frictionnez énergiquement ce dernier avec une poignée de feuilles.

L'ASTUCE DU FORUM

Pour nettoyer les restes d'insectes collés sur la carrosserie de la voiture, frottez-la avec un vieux collant. C'est efficace et ça ne raie pas la carrosserie...

J comme…

Jouets : ils sont faits de plastique, de bois, de tissu et les nettoyer représente parfois un véritable casse-tête.

Les jouets en plastique se nettoient au lave-vaisselle quand l'eau ne peut pénétrer à l'intérieur ou quand elle peut en sortir, sinon elle stagne dans ses entrailles et le joujou devient un cocon de moisissures. À défaut de lave-vaisselle, mélangez des copeaux de savon et de l'eau. Frottez avec un chiffon propre. Passez le séchoir à cheveux.

Les jouets en bois verni se lavent à l'eau savonneuse. Ne les laissez pas tremper dans l'eau et essuyez-les soigneusement.

L comme…

Livres : pour effacer les moisissures, saupoudrez les pages abîmées de farine de maïs et laissez agir plusieurs jours avant de les brosser délicatement.

M comme…

Manette de jeux : frottez la manette avec un chiffon doux humidifié, vous pouvez même utiliser un cure-pipe ou un Coton-tige pour les recoins inaccessibles. Désinfectez avec un chiffon imbibé d'alcool ménager. Nettoyez-la régulièrement, c'est fou tout ce que nos mains ramassent comme microbes !

Matelas : frottez les taches acides à l'aide d'un mélange moitié eau, moitié eau oxygénée. Rincez abondamment le matelas à l'eau claire. Et enfin, accélérez le séchage à l'aide de serviettes-éponges qu'on piétine allègrement.

Meuble en bois crasseux : pour lui redonner de la fraîcheur, dépoussiérez-le avec des brosses souples ou des pinceaux. Pour les recoins, utilisez de préférence une brosse à dents. Ensuite, assainissez l'intérieur du meuble en y vaporisant de l'eau vinaigrée que vous essuierez rapidement. Pour redonner du glissant aux tiroirs, frottez les bords avec du savon ou, mieux, avec de la paraffine. Il ne vous reste plus qu'à appliquer une couche de cire nutritive et protectrice.

Mouches : elles seront envoyées ad patres si vous disposez dans les pièces des coupelles de vinaigre mélangé à de l'alcool camphré où vous laisserez tremper des oignons cuits piqués de clous de girofle.

N comme…

Nappe : pour protéger une belle nappe des désastres attendus en fin de banquet, posez-la à plat sur le sol ou sur la table et pulvérisez un produit imperméabilisant pour tissu. Laissez sécher avant de dresser la table. Avant de la mettre à laver, frottez les taches avec du savon de Marseille.

O comme…

Œuf : qui n'a pas soupiré devant le blanc d'œuf échoué sur le plan de travail ou sur le sol de la cuisine ? Pourtant, l'essuyer est un jeu d'enfant si on prend soin de le recouvrir immédiatement de sel qui va l'absorber.

Ordinateur : débranchez le clavier, retournez-le et tapotez-le. Vous pouvez utiliser un chiffon humide avec 1 goutte de détergent pour le dessus des touches. Avec un Coton-tige trempé dans de l'alcool ménager à 95 °C, nettoyez l'espace entre les touches. Pour nettoyer l'écran et l'ordinateur lui-même, utilisez les produits spécifiques et de l'air sous pression.

Outils de jardin : frottez la rouille avec une brosse métallique et passez les outils à l'huile alimentaire. Enfouissez en hiver la partie métallique dans du sable, ils ne rouilleront plus. Pour changer un manche cassé : ne vous acharnez pas à retirer le manche cassé de son outil. Faites-le brûler. Pendant ce temps, laissez le manche neuf se gorger d'eau une nuit entière avant de le fixer.

P comme…

Papier peint : pour le recoller, préparez un mélange composé de 50 g de farine de seigle de préférence et de 25 cl d'eau, puis faites-le bouillir pour le rendre homogène et visqueux. Étalez-le ensuite de bas en haut (pour éviter de coincer une bulle d'air) sur le mur et le papier peint à l'aide d'une brosse.
Une tache indélébile ne pourra être que dissimulée derrière une pièce de papier peint neuve.

Piano : commencez par en retirer la poussière à l'aide d'une lavette légèrement humide. Nourrissez le bois et faites-le briller avec un chiffon trempé dans un mélange composé du jus de 1/2 citron, de 1 cuillère à soupe d'alcool ménager, de 2 cuillères à soupe d'essence de térébenthine et de 2 cuillères à soupe d'huile d'olive. Enfin, pour atténuer les petites rayures du piano, frottez avec un chiffon doux et de la farine.

Planche à découper : lavez-la à l'eau javellisée. Séchez bien pour que l'eau n'imprègne pas le bois et frottez avec 1/2 citron.

Plantes vertes : ne mélangez jamais de la terre du jardin au terreau de vos plantes en pot. Les bactéries qu'elle contient pourraient être fatales aux plantes. N'oubliez pas de les humidifier chaque semaine avec un pulvérisateur. Vous pouvez nettoyer les feuilles avec de la glycérine ou un mélange d'eau et de lait. Si vous en avez plusieurs, regroupez-les, elles aiment la compagnie. Le thé froid est un bon engrais, mais n'en abusez pas.

Plastique (objets en) : pour nettoyer les caches des prises, interrupteurs et autres revêtements en plastique, commencez par les dégraisser avec un chiffon humidifié dans un mélange d'eau et de savon noir. Pour les endroits difficiles d'accès, utilisez un Coton-tige trempé dans la même solution. Puis rincez le plastique à l'aide d'un chiffon humide, propre. Enfin, pour créer un film protecteur sur le plastique, appliquez une légère couche de lait detoilette pour bébé à l'aide d'un coton.

Plats en Pyrex : utilisez de la laine d'acier 000 pour enlever la graisse résiduelle. Frottez, puis essuyez avec un chiffon sec.

Poubelle : nettoyez-la à l'eau chaude avec un produit d'entretien javellisé, frottez avec une éponge et rincez abondamment. Séchez avec un chiffon pour qu'aucune trace d'humidité ne subsiste. Pour déshumidifier et absorber les odeurs, déposez dans le fond de la poubelle de la litière pour chat.

R comme…

Radiateur : pour nettoyer la poussière à l'arrière des radiateurs, utilisez une longue règle sur laquelle vous aurez disposé une chaussette. Commencez par le haut et aspirez ensuite la poussière tombée sur le sol.

Râpe à fromage : utilisez une brosse à dents et du liquide vaisselle.

Rasoir électrique : pour le débarasser de ses poils disgracieux, utilisez le sèche-cheveux (air froid) ou, mieux encore, la bombe à air comprimé qui sert au nettoyage de l'ordinateur.

Rotin : pour donner une nouvelle jeunesse au

L'ASTUCE DU FORUM

Des boîtes sans tache

Tout le monde le sait : la sauce tomate laisse de vilaines traces orangées sur le plastique des boîtes alimentaires. Pour l'éviter, plongez la boîte dans de l'eau glacée avant d'y mettre la sauce.

mobilier en rotin, commencez par confectionner une petite préparation composée de 30 cl d'eau, 1 cuillère à soupe d'huile de lin et 1/2 cuillère à soupe d'essence de térébenthine. Ensuite, à l'aide d'un chiffon doux, frottez tout le meuble avec cette mixture qui va le nourrir. Retirez l'excédent de produit pour éviter que les coussins ne soient enduits d'huile, puis utilisez un chiffon doux pour ne pas risquer de rayer le meuble.

Rouleau à pâtisserie : roulez-le dans le sel, frottez et quand il est débarrassé de ses amas de farine, lavez, rincez et séchez.

S comme…

Soie (fleurs ou objets) : pour les raviver et ôter la poussière, glissez-les dans un sac en plastique rempli de sel et remuez.

T comme…

Table en verre : enlevez le gros de la saleté en passant un chiffon trempé dans un mélange d'eau et d'alcool ménager. Essuyez toute la table avec des chiffons propres et doux. Lustrez en saupoudrant la table de poudre de Tripoli ou de blanc de Meudon ou encore de blanc d'Espagne. Quel voyage !

L'ASTUCE DE BÉATRICE ET DANIÈLE

Redressez les fibres

Les pieds des meubles écrasent les fibres des tapis et des moquettes et laissent quand on les enlève une marque profonde. Vous pourrez l'atténuer ou la rattraper complètement en passant dessus la vapeur du fer à repasser. Attention à ne pas coller la semelle sur le revêtement et à ne pas brûler les fibres synthétiques.

Tapis : retournez-le et marchez sur son envers plusieurs jours, la poussière sera expulsée des fibres. Aspirez soigneusement les deux faces et le sol (pour éviter que la poussière ne retourne illico dans les fibres du tapis). Nettoyez avec un mélange composé de 2/3 d'eau froide et 1/3 d'ammoniaque, rincez avec de l'eau vinaigrée. Séchez le tapis avec un sèche-cheveux. Vous pouvez aussi l'humidifier avec de l'eau gazeuse et aspirer quand le tapis sera sec.

Toile de jute : ne la mouillez pas. Aspirez régulièrement les panneaux et enlevez les taches avec de la mie de pain.

V comme…

Ventilateur : pour des ventilateurs qui procurent une brise fraîche sans poussière, mettez quelques copeaux de savon dans une bassine d'eau et frottez les pales avec un collant. Dépoussiérez les parties inaccessibles en utilisant des pinceaux. Vous pouvez cirer les pales , elles se saliront moins vite.

Verres en cristal :
• Posez au fond de l'évier une serviette de toilette qui amortira les chocs. Tenez les verres par leur pied et plongez la coupe dans l'eau. Rincez à l'eau très chaude et laissez sécher tête en bas.
• Pour enlever les taches, frottez-les (délicatement) avec un mélange de jus de citron et de levure chimique. Rincez et essuyez. Si elles résistent, délayez dans le verre une pastille de produit de nettoyage pour les appareils dentaires.

Vitres : pour garder les vitres propres plus longtemps, protégez-les des traces de pluie. Il vous suffit de déposer sur la face exposée un anticalcaire pour salle de bains dilué dans un peu d'eau puis d'essuyer les vitres sans les rincer.

Prendre soin de votre électroménager

Propres, les appareils sont plus efficaces, consomment moins d'énergie et durent plus longtemps. Il faut donc vous en occuper régulièrement.

Le réfrigérateur et le congélateur : après dégivrage, lavez l'intérieur avec de l'eau chaude savonneuse ou légèrement javellisée. Si l'intérieur a jauni, passez un chiffon imbibé d'une solution d'eau de Javel et de bicarbonate de soude, laissez agir quelques minutes puis rincez. Une ou deux fois par an, dépoussiérez délicatement les compresseurs qui se trouvent à l'arrière de l'appareil avec une brosse très souple. Il fonctionnera mieux et fera moins de bruit !

La plaque en vitrocéramique : saupoudrez de bicarbonate de soude et frottez avec un chiffon imbibé d'eau.

La gazinière : ôtez la grille et badigeonnez-la avec une pâte composée de bicarbonate de soude et d'eau. Laissez agir pendant vingt minutes. Retirez la pâte et rincez la plaque ainsi que les brûleurs. Vous laisserez tremper ces derniers plusieurs heures dans du vinaigre d'alcool.

Le four : ne renoncez pas à un nettoyage systématique à la fin des cuissons. Il sera rapide et entretiendra le four.

- **Enveloppez les grilles dans un sac-poubelle** sur lequel vous aurez pulvérisé du produit nettoyant pour le four ou que vous aurez rempli d'eau ammoniaquée. Laissez tremper une nuit avant de rincer.

- **Si le four dispose d'une fonction « pyrolyse »** qui brûle les dépôts, cela ne vous dispense pas d'un nettoyage préalable. Nettoyez sans frotter la porte du four et l'intérieur avec un peu d'eau chaude et de liquide vaisselle. Le cycle terminé et le four refroidi, enlevez les dépôts avec une éponge humide.

- **Si le four dispose d'une fonction « catalytique »,** nettoyez-le avec une éponge humide (n'utilisez pas de produits qui pourraient détériorer la catalyse), puis mettez-le en marche deux heures à une température minimale de 260 °C (th. 8-9).
  Dans tous les cas, respectez scrupuleusement les recommandations du fabricant.

La cuisinière en fonte ou en laiton : après avoir retiré l'excédent de gras, frottez la cuisinière avec des brosses trempées dans de l'eau chaude additionnée de cristaux de soude. Utilisez une éponge imbibée de vinaigre et de gros sel, puis essuyez à l'aide de papier journal. Appliquez une fine pellicule de gras à l'aide d'un papier absorbant afin de protéger le dessus de la cuisinière. Si la cuisinière comporte des pièces en laiton, ravivez-les avec de la sauce Worcestershire.

Le petit électroménager : si le petit électroménager vous paraît terne et jauni, nettoyez à l'éponge humide et au savon noir, rincez et essuyez. Il retrouvera sa blancheur virginale.

La friteuse : placez à l'intérieur une tablette de produit pour le lave-vaisselle, remplissez d'eau puis faites chauffer à 180 °C. Rincez soigneusement.

Le mixeur : inutile de vous échiner, au risque de vous couper. Rincez le bol, versez-y de l'eau et du liquide vaisselle et remettez-le en route. Rincez en suivant la même méthode.

Le robot ménager : plongez les accessoires et les couteaux dans de l'eau froide salée. Quand les dépôts d'aliments se seront amollis, frottez avec une brosse à dents. Passez ensuite en machine les accessoires hormis les couteaux que vous laverez avec du liquide vaisselle et de l'eau chaude. Égouttez et essuyez. S'il reste de l'humidité dans les recoins inaccessibles, séchez au sèche-cheveux (programme « air froid ») avant de les ranger à l'abri de la poussière.

Le gril électrique : débranchez-le. Grattez avec un tampon métallique les résidus encore tièdes. Essuyez avec un chiffon propre imbibé d'alcool à brûler ou de bicarbonate de soude. Le bac qui réceptionne les graisses doit être essuyé avec un chiffon et quelques gouttes de produit dégraissant. Ne mouillez pas les parties électriques, attendez pour le rebrancher que le bac soit complètement sec.

Le grille-pain : débranchez-le. S'il dispose d'un fond amovible, enlevez-le, jetez les miettes qui s'y sont déposées. Lavez, rincez et essuyez. Retournez le grille-pain pour en faire tomber les miettes et nettoyez les grilles avec une brosse à dents. Nettoyez la coque avec de l'eau vinaigrée.

Le lave-vaisselle : débarrassez la vaisselle des restes de nourriture avant de charger le lave-vaisselle. Après chaque lavage, retirez les filtres et rincez-les. Nettoyez régulièrement les joints en utilisant du dentifrice et une brosse à dents. Pour enlever les taches sur les parois, versez du vinaigre blanc à l'intérieur et faites un lavage à vide. Dévissez les bras latéraux qui distribuent l'eau au cours du lavage et laissez tremper. Vous enlèverez les particules d'aliments qui peuvent boucher les gicleurs avec une pince à épiler ou une brosse à dents.

Le sèche-linge : nettoyez, après chaque opération, le filtre où sont retenues toutes les fibres désolidarisées des tissus. Régulièrement, lavez-le avec un peu de liquide vaisselle et rincez. Pour réduire la durée des séchages, placez avec le linge mouillé une petite serviette sèche.

CE QUE VOUS SAVEZ DÉJÀ

Conserver un lave-linge en bon état

Avant de vous servir d'eau de Javel, mettez toujours une blouse et des gants afin de vous protéger des éventuelles projections. Par mesure de sécurité, débranchez le lave-linge. À l'aide d'une brosse, frottez énergiquement le joint avec de l'eau savonneuse javellisée. Rincez à l'eau claire pour supprimer toute trace d'eau de Javel. Décrochez et nettoyez le bac à lessive dans la baignoire à l'eau savonneuse régulièrement. Faites tourner la machine à vide une fois par mois à 60 °C avec 1/2 litre de vinaigre blanc.

Vêtements et linge de maison

Pas facile d'entretenir le linge de toute la maisonnée sans faire d'erreurs. Pour débuter, reportez-vous aux conseils de notre premier tome. Et pour affiner votre savoir-faire, lisez encore ces quelques recommandations.

Le lavage

Laver la lingerie dans une essoreuse à salade : prenez votre plus belle essoreuse à salade et versez-y des copeaux de savon que vous allez dissoudre avec de l'eau chaude. Ajoutez de l'eau froide et plongez-y votre lingerie. Rincez plusieurs fois le linge en changeant d'eau à chaque rinçage, mais faites bien attention de garder la même température ! Lors du dernier rinçage, ajoutez à l'eau 2 doses de vinaigre afin d'enlever toute trace de savon et d'éviter que les écailles de la laine ne se resserrent.
Rangez la lingerie, avant de la mettre à laver en machine, dans une taie d'oreiller fermée. Elle sera bien protégée du mauvais sort que peut lui faire un tambour.

Nettoyage à sec à domicile : répandez sur le vêtement en peau de la farine de maïs. Laissez reposer pour que le gras soit absorbé. Brossez le vêtement qui ressortira comme neuf ! Pour une tache qui vient d'être faite sur l'un de vos vêtements, vous pouvez l'enlever immédiatement en la frottant avec de la mie de pain. Pour redresser les poils de vos vêtements : passez-les devant le fer à repasser sans les toucher et envoyez de la vapeur.

Raviver les couleurs :

- **Le coton rouge :** trempez le textile dans de l'eau additionnée de jus de citron (1 cuillère à soupe de jus de citron pour 20 cl d'eau), remuez et attendez une dizaine de minutes.
- **La couleur verte :** mélangez 3 cuillères à soupe d'ammoniaque dans 1 litre d'eau, trempez le textile une dizaine de minutes.
- **Le bleu ou le violet :** mélangez 3 cuillères à soupe de vinaigre dans 1 litre d'eau, trempez le textile une dizaine de minutes.
- **Le noir :** il suffit de rincer le tissu avec une décoction de feuilles de lierre (10 feuilles pour 1 litre d'eau) ou plus simplement d'ajouter du vinaigre blanc à l'eau de rinçage.
- **Pour que le vêtement ne déteigne pas,** laissez-le tremper dans une eau vinaigrée pendant trente minutes.
- **Avant de laver** pour la première fois un vêtement de couleur, plongez-le dans de l'eau froide salée.
- **Pour blanchir la laine,** faites-la tremper dans de l'eau à laquelle vous aurez ajouté quelques gouttes d'eau oxygénée.
- **Pour blanchir le Nylon,** trempez-le dans un mélange de détergent pour lave-vaisselle et d'eau chaude. Laissez refroidir et attendez trente minutes avant de rincer.

L'ASTUCE DU FORUM

Pour savoir si un tissu déteint, emballez le vêtement entre deux chiffons blancs et passez dessus le fer à repasser chaud. Si les chiffons demeurent immaculés, c'est que le tissu ne déteint pas.

Pour des torchons impeccables : pour ne pas risquer de mélanger bactéries et torchon, lavez ce dernier très régulièrement, et stérilisez-le. Vaporisez le torchon afin de l'humidifier et placez-le dans un sachet de cuisson. Déposez-le dans le four à micro-ondes pendant trente secondes, puis laissez-le sécher. En revanche, pour nettoyer vos éponges, faites-les tremper dans de l'eau javellisée.

L'ASTUCE DE BÉATRICE ET DANIÈLE

Économisez de la lessive

Si vous ajoutez 1 cuillère à soupe de bicarbonate de soude au lavage, vous pouvez réduire la quantité de lessive. Le bicarbonate optimise le pH de l'eau et augmente l'efficacité du détergent.

Plié en quatre ! Pliez les draps avant de les mettre en machine, ils ne se rouleront plus en boule pendant le lavage et vous pouvez en mettre plus.

Cols de chemise douteux : très élégante, votre chemise, s'il n'y avait cette salissure persistante autour du col ! Pour la faire disparaître, étendez dessus du shampoing pur (incolore) ou frottez avec du savon de Marseille et laissez agir plusieurs heures avant de laver en machine.

Chaussettes blanches : elles auront vite perdu leur blancheur. Pour les retrouver comme neuves, faites-les bouillir avec du citron ou ajoutez du détergent pour lave-vaisselle dans le lave-linge.

Laver une couette : mettez-la dans le lave-linge avec 3 balles de tennis pour éviter que la mousse de la couette ne se mette en boule. Lavez au minimum deux fois par an.

Avant le lave-linge :

Réparez les petits accrocs et resserrez les fils qui maintiennent les boutons avant de passer le linge en machine. Retournez les vêtements qui doivent être lavés à l'envers, refermez les fermetures Éclair et les boutons. Placez les tissus fragiles, les chaussettes et les sous-vêtements dans une taie d'oreiller ou un filet prévu pour cela.

Soie : pour protéger un vêtement en soie, ajoutez 2 sucres à l'eau de rinçage et de la lanoline.

Chapeau de feutre : pour nettoyer votre Borsalino, brossez-le pour enlever la poussière puis rafraîchissez-le en le brossant au-dessus d'un flux de vapeur. Il sera plus souple et comme neuf. Le feutre est une laine compressée qui a donc besoin d'un peu d'humidité pour retrouver son gonflant, mais elle ne peut être entièrement mouillée car elle pourrirait.

Casquette en tissu : posez-la sur un bol renversé et rangez-la dans le lave-vaisselle. Enclenchez un programme à l'eau tiède, mais sortez la casquette avant le séchage.

Le détachage

Rappelez-vous que vous ne devez pas attendre. Plus vite vous agirez, plus vous avez de chances de réussir. Commencez toujours par absorber le maximum du produit avec du papier absorbant, puis tamponnez la tache pour en éliminer la plus grande quantité avec de l'eau froide. Vous lui appliquerez ensuite le traitement correspondant avant de le passer en machine ou de le laver à la main.

Tentez le plus souvent de faire disparaître la tache avant le lavage, une eau chaude ou tiède pourrait la fixer.

CE QUE VOUS SAVEZ DÉJÀ

Les produits détachants

Ils font parfois mieux que nos recettes de grands-mères, mais pas toujours ! En tout cas, n'oubliez jamais qu'ils sont dangereux. Leur manipulation mérite quelques précautions. Lisez les notices avant utilisation – ne les jetez surtout pas – et sachez reconnaître les icônes d'avertissement.

Placez toujours à l'envers du tissu un linge propre qui évitera à la tache de se répandre. Détacher à l'eau fraîche car une eau chaude fixe la tache.

Pour les vêtements lavables

Pour enlever une tache de sauce tomate : rincez abondamment à l'eau froide en frottant le tissu, puis passez rapidement en machine.

Pour enlever une tache de moutarde sur un vêtement : frottez avec un jus de citron. Attention, la tache ne part pas, elle ne fait que pâlir. Exposez le vêtement au soleil pour la rendre invisible.
Si la tache est fraîche, frottez-la avec de la lessive diluée, puis tamponnez avec de l'ammoniaque diluée (5 ml d'ammoniaque pour 1/2 litre d'eau). Lavez.
Si la tache est ancienne, ramollissez la moutarde avec un peu de glycérine diluée à parts égales avec de l'eau. Laissez agir une heure au minimum. Lavez.
Vous utiliserez la même méthode pour les taches provoquées par des épices (curry, cumin, curcuma, safran), qui sont fortement colorantes. Si la tache ne part pas, essayez l'eau oxygénée.

Pour enlever une tache de betterave : rincez à l'eau froide longuement, puis laissez tremper dans une solution de borax. Si le linge est blanc, saupoudrez de borax avant de rincer.

Pour enlever une tache de chocolat : il doit avoir durci avant que vous n'interveniez. Grattez ensuite la surface pour enlever le surplus. Laissez tremper le vêtement dans de l'eau additionnée de lessive ou de borax. Lavez.

L'ASTUCE DE BÉATRICE ET DANIÈLE

Les gouttes de colle s'enlèveront facilement en déposant dessus du vinaigre blanc.

Pour enlever une tache de sang :

• Déposez une bonne couche de dentifrice et lavez immédiatement en machine.

• Dissoudre sur le vêtement un cachet d'aspirine avec un peu d'eau et lavez immédiatement en machine.

• Plongez le vêtement dans l'eau froide fortement salée et laissez tremper.

• Sur un matelas : posez-le à la verticale. Maintenez un chiffon sur le rebord inférieur de la tache que vous imbiberez d'une pâte épaisse de bicarbonate de soude. Renouvelez jusqu'à disparition de la tache. Séchez avec un sèche-cheveux (programme « air froid »).

L'ASTUCE DE BÉATRICE ET DANIÈLE

Chassez l'odeur de la naphtaline : rafraîchissez les vêtements dix minutes dans le sèche-linge (programme « air froid ») ou accrochez-les au rebord de la fenêtre.

Pour enlever une tache de gras : déposez immédiatement sur la tache une couche de savon, du bain moussant ou du liquide vaisselle purs, ou du bicarbonate de soude. Laissez agir plusieurs heures et lavez le vêtement en machine.

Pour enlever une tache de gazon :

• Mouillez la tache pour y faire fondre 1 sucre. Laissez agir, mais lavez le vêtement avant que le sucre soit tout à fait sec.

• Imbibez de lait et lavez immédiatement en machine.

• Frottez la tache avec du citron

Pour enlever une tache de chocolat sur un vêtement blanc : humidifiez la tache avec de l'eau, puis enduisez de dentifrice. Frottez, ajoutez du bicarbonate de soude et lavez immédiatement en machine.

Pour enlever une tache de champagne : n'utilisez pas de savon, que de l'eau pure, car le champagne ne tache pas.

Pour enlever une tache de vin, de café ou de thé :
• Sur les tissus délicats (lainage et soie), utilisez de l'eau oxygénée.
• Les tissus résistants peuvent tremper dans une solution de borax.

Pour enlever une tache de bière ou d'alcool :
• Rincez à l'eau tiède le vêtement taché et enlevez la tache avec de l'eau oxygénée.
• Pour les vêtements de couleur, appliquez avec une éponge une solution d'eau et de vinaigre blanc.
• Tachés de liqueur sucrée, les vêtements se rincent à l'eau chaude avant de passer en machine.

Pour enlever une tache de fruit : rincez à l'eau froide jusqu'à disparition. Si vous n'en venez pas à bout, tamponnez avec un chiffon imbibé d'alcool à brûler ou frottez avec 1/2 citron.

Pour enlever une tache de peinture :
• Peinture à l'huile : tamponnez la tache avec du white-spirit, puis rincez à l'eau froide. Vous ne le laverez que lorsque la tache aura entièrement disparu, sinon elle colorera tout le vêtement.
• Peinture à l'eau : ôtez le plus gros avec du papier absorbant, puis épongez à l'eau froide et lavez immédiatement.

Pour enlever une tache d'encre : enduisez le tissu de jus de citron ou trempez la tache dans du lait toute la nuit. Pressez-le entre deux linges propres et blancs. Renouvelez jusqu'à disparition de la tache.

L'ASTUCE DE BÉATRICE ET DANIÈLE

Dites non à la laine qui gratte et faites-la séjourner un temps dans le congélateur. Très efficace avec la laine angora.

Pour enlever une tache de rouille : appliquez du sel sur la tache, frottez ensuite avec 1/2 citron en le pressant légèrement, puis lavez le vêtement à la main ou en machine.

Pour enlever les taches de cosmétiques : ôtez l'excédent de la tache avec un racloir ou le dos d'un couteau. Dissolvez le corps gras à l'aide d'un autre corps gras, comme le beurre ou la vaseline. Appliquez du savon de Marseille avant de mettre le tout en machine.

Pour enlever la moisissure sur une dentelle : déposez une fine couche de savon de Marseille sur la dentelle et laissez sécher au soleil. Rincez.

Pour faire disparaître les auréoles laissées par l'eau : placez le vêtement au-dessus d'une source de vapeur, sans brûler le tissu, bien entendu. Puis essuyez l'auréole avec un chiffon sec en partant de la périphérie vers le centre.

L'ASTUCE DE BÉATRICE ET DANIÈLE

Pour enlever l'odeur de tabac sur un pull en laine que vous ne souhaitez pas laver, faites-lui passer la nuit contre la douce chaleur du radiateur.

Les produits de Béatrice et Danielle

Le borax

Ce sel minéral qui se forme naturellement est un détachant hors pair. Vous pourrez le saupoudrer sur les taches et s'il s'agit d'un vêtement de couleur, trempez le vêtement entièrement dans une solution diluée (1 cuillère à soupe pour 1/2 litre d'eau chaude). Mais attention, il est irritant pour la peau et les yeux et constitue quand il est ingéré un poison violent. Ne le laissez pas à la portée des enfants et, quand vous faites tremper du linge, veillez à ce qu'ils ne barbotent pas dans l'eau ! Il peut se mélanger au bicarbonate de soude et à la glycérine à parts égales pour une action détachante renforcée.

L'eau de Javel

Seules les fibres naturelles blanchissent avec l'eau de Javel. Les tissus synthétiques et les fibres mélangées ont de grands risques de jaunir. La dilution standard est un bouchon de Javel pour 1 seau d'eau. Vous ne l'utiliserez jamais en combinaison avec d'autres produits comme l'ammoniaque, leur osmose pourrait produire des gaz dangereux.

L'huile essentielle d'eucalyptus

Vous pouvez en tamponner les tissus fragiles (mais lavables) et les laver ensuite.

L'alcool à brûler

Il fait disparaître les taches de pollen, les chiures de mouche, les traces de boue séchée, les graisses des pommades et crèmes de beauté, du rouge à lèvres.

L'ammoniaque

Elle vient à bout des auréoles laissées par les déodorants sur les tee-shirts, du mascara et du fond de teint. Diluez avec précision 1 cuillère à café par 1/2 litre d'eau froide. Pas plus.

L'eau oxygénée

Elle détruit les moisissures et détache les tissus abîmés par des produits colorants (fruits, par exemple) et traite les tissus non lavables. La solution doit être composée de 1/6 d'eau oxygénée pour 5/6 d'eau.

L'ASTUCE DE BÉATRICE ET DANIÈLE

- Si une fermeture Éclair accroche, passez dessus un coup de savon sec.
- Vous pouvez coudre vos boutons avec un fil dentaire incassable !

Glycérine

Elle fait des miracles sur les taches anciennes pour peu qu'on lui laisse le temps d'agir. Elle se dilue à parts égales dans de l'eau chaude.

Le séchage

Certains vêtements n'auront pas besoin d'être repassés si vous utilisez un sèche-linge. Veillez à les sortir immédiatement de la machine à la fin du cycle, secouez-les et étendez-les sur des cintres.
Vous pouvez utiliser le sèche-linge pour essorer les vêtements que vous avez lavés à la main. Placez-les dans une taie d'oreiller et réglez sur un programme « air froid ».

L'ASTUCE DU FORUM

Pour retirer l'odeur du linge qui a traîné dans la machine, remplissez un seau d'eau dans lequel vous versez 4 cuillères à soupe de bicarbonate de soude et 4 verres de vinaigre blanc. Mettez-y le linge et laissez-le tremper en remuant de temps en temps. Puis remettez-le en machine pour un cycle de rinçage (un second lavage est inutile).

Molletons et duvets

Pour éviter aux duvets et molletons de se rouler en boule lors du séchage, placez dans le sèche-linge des balles de tennis.

Le repassage

Placez une feuille de papier d'aluminium sous la planche à repasser, elle renverra la chaleur et vous fera gagner de l'énergie !
Pour nettoyer la semelle du fer à repasser, vous pouvez utiliser du dentifrice sur un chiffon doux. Frottez les taches rebelles avec un tampon à récurer ou encore de l'alcool à brûler. Tout cela, fer débranché bien sûr !

Le velours côtelé : vous l'avez bien entendu lavé à l'envers et vous le repasserez de même. Vous redresserez le velours avec un chiffon doux.

Le cachemire : repassez encore humide au fer tiède.

Le coton et le lin : ils seront plus faciles à repasser encore humides.

La dentelle et la soie : faites sécher à plat. Repassez sous une serviette blanche humidifiée.

La laine : enroulez le pull dans une serviette propre et sèche et, quand la laine est bien essorée, posez-la à plat sur une serviette sèche. Pour retendre les poignets dont les côtes sont lâches, rincez-les à l'eau chaude et séchez-les au sèche-cheveux.

Les jupes plissées : fixez les plis avec des épingles, puis repassez la jupe en vous arrêtant avant les épingles. Quand les plis sont bien marqués, enlevez les épingles et repassez l'ourlet.

L'ASTUCE DE BÉATRICE ET DANIÈLE

Origami !

Vous croulez sous une montagne de linge, voici une technique de pliage ultrarapide découverte au Japon. Tout d'abord, attrapez le tee-shirt en deux points alignés sur le milieu de l'épaule en croisant les mains. Ensuite, rabattez le centre de l'épaule sur le bas du tee-shirt puis décroisez vos mains. Enfin, repliez le tee-shirt sur lui-même.

La boîte à chaussures

Cirez des chaussures, cela vous est déjà arrivé ? Du moins, on le présume… Voici un petit rappel des bons gestes : dépoussiérez avec une brosse à poils doux, mouillez la chaussure avec un chiffon humide, appliquez le cirage sans en abuser, laissez sécher puis lustrez au chiffon doux ou avec une chaussette en laine. Vous pourrez protéger des talons neufs en les recouvrant d'une couche de vernis à ongles incolore.

Avec vos animaux

Ils ont tout pour nous plaire : fidèles, aimables, coopératifs, ils sont une véritable compagnie. Mais ils ont aussi tout pour nous déplaire : poils éparpillés partout, odeurs indélicates, litières et vaisselle à entretenir, accidents de pipi, coups de dents sur les meubles et dépeçage des chaussures… Ouf, heureusement qu'on est là pour vous aider !

Vaisselle

Leurs gamelles doivent être nettoyées chaque jour, y compris celle qui contient l'eau. Vous pouvez les mettre au lave-vaisselle. Si vous hésitez par peur des microbes, trempez-les d'abord dans une eau javellisée. Si vous les lavez à la main, ne le faites pas en même temps que votre propre vaisselle car l'eau ne serait pas assez chaude.

Laisses et colliers

Nettoyez-les régulièrement avec de l'eau savonneuse. Ajoutez dans l'eau de rinçage un peu d'adoucissant pour assouplir les cuirs.

Paniers et coussins

Un nettoyage régulier en machine s'impose et si c'est impossible, un nettoyage au bicarbonate de soude peut s'y substituer.

Litière

Un chat sera irrésistiblement attiré par sa litière si vous y placez le bouchon d'une bouteille d'eau de Javel (il doit impérativement être vide pour que le chat ne soit pas en contact avec l'eau de Javel). Posez au fond une couche épaisse de journaux, une couche de bicarbonate de soude, la litière et les odeurs disparaîtront. Essayez d'ôter au fur et à mesure les déjections et les grains de litière agglutinés.

Chien

Pour retirer les tiques, vilaines bestioles porteuses de maladies (y compris pour les humains), mouillez-les d'abord avec un linge imbibé de white-spirit. Ne les arrachez pas, mais décollez la tête et le corps. Si la tête reste sous la peau du chien, il peut souffrir d'infection.

Vous pouvez le laver à sec avec du bicarbonate de soude, brossez bien pour enlever les résidus de poudre.

Nettoyez les taches d'urine avec de l'eau vinaigrée et de l'ammoniaque.

L'ASTUCE DE BÉATRICE ET DANIÈLE

Protégez les pieds des meubles

Pour ôter à vos amis les animaux toute envie de ronger les pieds des meubles, enduisez-les d'un mélange de Tabasco et de poivre noir.

Bocal et aquarium

N'utilisez pas de produits chimiques qui empoisonneraient vos poissons ou vos tortues. Suivez précisément les conseils de votre animalerie.

Cage à oiseaux et rongeurs

L'eau doit être changée quotidiennement ainsi que les bols de nourriture. Le fond de la cage doit être nettoyé régulièrement. Une fois par semaine, désinfectez la cage en vaporisant du vinaigre blanc ou de l'alcool à 70°. Laissez agir et grattez les grilles avec une brosse à dents. Avant de pratiquer ce nettoyage, vous aurez bien entendu mis l'animal en sécurité.

Direction : Jean-François Moruzzi (Hachette Pratique) / Sandra Menoni (M6 Éditions)

Direction éditoriale : Pierre-Jean Furet

Édition : Christine Martin et Nelly Mégret assistées de Chloé Herla (Hachette Pratique)
Stéphanie Pelleray assistée de Marie Paumier (M6 Éditions)

Corrections : Catherine Schram

Conception intérieure et réalisation : Guylaine Moi

Fabrication : Amélie Latsch

Responsables partenariats : Sophie Augereau au 01 43 92 36 82 (Hachette Pratique) /
Églantine Deneux au 01 41 92 66 12 (M6)

Crédits photographiques :
© Pascalito/M6 : rabats de couverture et p.14.
© Christophe Géral/M6 : pp. 75, 175.
© Pierre Olivier/M6 : pp. 59, 75, 93, 160, 173, 175.
© Daniel Bardou/M6 : p. 93.

Remerciements à Béatrice de Foucauld et Danièle Odin.

Dépôt légal : mars 2008
ISBN : 978-2-0123-7458-4
23-48-7458-01-5
Impression chez ROTOLITO, en Italie